30年間 体重が変わらない
医師が本気で考えた

1日4ページだけ 30日間ダイエット

小林弘幸
順天堂大学医学部教授

はじめに

この本を書店で手にされた方は、「1日4ページ」という文字に目を奪われたのではないでしょうか？　ダイエットというと、「我慢できない」「長続きしない」「結果が出ない」など、つらい印象をお持ちの方が大半でしょう。そこで私が提案するのが**「1日4ページを30日間だけ実践してきれいに3kgやせる」**ことを目標にしたゆるいダイエットです。

私自身、体重管理には自信があります。実際、大学を卒業してから約30年の月日が流れましたが、体重は当時と同じ65kgのまま。そう、50歳を超えた今でも1kgも増えていません。大学時代はラグビーに熱中していた私が、机に座る時間が長い医学の道に進んでも太らない理由……それは主に**「腸活」「自律神経」「みそ汁」**の3つにあります。ここで簡単にそれぞれの意味を説明しておきましょう。

「腸活」とは、文字通り、腸をきれいにする生活を心がけること。腸と

Let's Start!

いえばいまだに「消化・吸収・排便を司《つかさど》る臓器」と考えている人もいますが、私たちの長年の研究で、腸内環境が良好であればサラサラとした質の良い血液が全身の細胞に行き渡り、体の不調が改善されることがわかってきました。また嬉しいことに、代謝が上がることで脂肪がより燃焼され、全身が軽くなっていくことが明らかになっています。同時に便秘の改善まで期待できます。

では健康な腸のために必要なこと。そのカギは「自律神経」にあります。なぜなら腸をコントロールしているのが「脳」ではなく「自律神経」だからです。つまり自律神経を整えること=腸内環境の整備と言えます。

私はサイバーエージェントが運営する『CARTE《カルテ》』というスマートフォンアプリの監修を務めています。自律神経の状態は数値化することが難しかったのですが、『CARTE』では、毎日変化する体の内側をスコア化できるようにしました。つまり、自分で自律神経を整える時代が到来したわけです。

そして、日本人のソウルフードともいえる「みそ汁」ですが、1日1

杯、具だくさんのみそ汁を飲み続けていくことを私は提唱しています。その驚きの健康効果については、『医者が考案した「長生きみそ汁」』（アスコム）で詳しく書きましたが、生活習慣病の予防はもちろん、自律神経のバランスや腸内環境が整うことも期待できるのです。また、夜にみそ汁を飲むことで、満腹感が得られることも特筆すべきことでしょう。つまりダイエットにもってこいの食事と言えます。

　本書では「腸活」「自律神経」「みそ汁」の3つを軸に、30日間のダイエットカリキュラムをつくりました。といっても「我慢できない」「長続きしない」「結果が出ない」は一切なし！　冒頭でも触れましたが、1日たった4ページを実践するだけで、目標の体重に近づいていくことでしょう。さあ、**明日の朝からこの本を開くことを習慣にしましょう**。ただ私は皆さんの結果よりも、日々体重が落ちていくことで、本書をどんどん読み進めたくなることを心配しています。いいですか、絶対に1日4ページから先はめくらないでくださいね（笑）。

　さて、本書にはちょっとした工夫も施しています。それは「記述する」

ページがあることです。例えば毎朝の体重を記入する欄があります。ちなみに、私は朝ベッドから降りたときに、自分の体重をピタリとあてることができます。その他にも、私からの指示を実践したか記入するチェックリストもあります。どうか最後までお付き合いください。

さて、最後にもうひとつだけアドバイスを。基本は「夜のご飯は軽めに」ですが、どうか決して無理をしないでください。「絶対に〜しなければならない」は心のストレスになり、逆効果になることがあるからです。たまには同僚や友人と遅い時間にたくさん食べたって構いません。翌朝の体重をチェックして、調整していきましょう。私も会食の翌日は昼は軽め、夜はみそ汁で戻すようにしています。どうかゲーム感覚で、「30日でマイナス3kg」を目標に明日の朝からゆる〜く続けてください。

小林弘幸

step.1

今日から毎朝、起きてすぐに体重を計りましょう！

TODAY'S POINT
1

目標体重を決める前に まず今の自分を把握しましょう

現状把握は大事です!

さあ、今日から1日4ページを実践するだけで3kgきれいにやせる、30日間ダイエットのスタートです! 「5年前のベスト体重を目指す」「脚の形が出るスキニーデニムをきれいにはきたい」……皆さん、きっとそれぞれに目標を抱いていることでしょう。明確な目標を掲げることは、モチベーションを維持する上でとても大切です。そして、それを実現するために行ってほしいのが、「今の自分と正面から向き合うこと」。現在地を直視して初めて、目標地点までの道筋が見えてくるのです。そのためにもまずは、「起きてすぐの体重」を今日からこの本に記していきましょう。

FROM Dr.KOBAYASHI

まずは毎朝の体重測定を心がけましょう。少しずつ減っていく数字を目の当たりにすることで、ダイエットの喜びが実感できるはずですよ

step.2

今日から毎朝、起きてすぐにコップ1杯の水を一気飲みしましょう。

check it!

いつものチェック

□体重測定
□コップ１杯の水

kg

今日のお通じ

○　△　×

TODAY'S POINT
2

コップ1杯の水を飲んで腸の活動を促します

便秘がちで、定期的なお通じがこない……とお悩みの女性は多いのではないでしょうか。便秘はダイエットの天敵。きれいにやせたいのであれば、まずはスムーズに排便できる体を手に入れることがカギになります。そこで有効なのが、起き抜けにコップ1杯の水を飲むこと。胃に水分の重さが加わると、胃袋が大腸の上部を刺激（＝胃結腸反射）します。それが「ぜんどう運動」と呼ばれる、腸の伸縮運動を活発化させ、スムーズな排便につながるのです。お腹が弱いという方は、冷たい水よりも常温水がいいでしょう。ポイントは「勢いよく飲むこと」です。

FROM Dr.KOBAYASHI

温かい飲み物でも、一気飲みできる温度であれば問題ありません。水分を勢いよく流し込み、胃結腸反射を促すことを心がけましょう

2日目

step.1

今日は
ヨーグルトと
キウイとはちみつを
買って帰りましょう。

check it!

いつものチェック

□体重測定

□コップ１杯の水

kg

今日のお通じ

○ △ ×

TODAY'S POINT
1

「朝食抜き」は腸内環境の悪化を招く悪習慣です

腸が元気だと♪

血がきれいに！
体内の細胞が活発に活動。エネルギー代謝アップ！

便秘解消！
宿便が出る。もう、ため込まない体に◎

やせる！

腸内環境が悪いとき

ドロドロ血
栄養の吸収がうまくいかず脂肪として蓄積してしまう

便秘の状態に
「排せつ」ができず、ため込むいっぽう

太る…

あなたはきちんと朝食を食べていますか？　「そんな暇ありません」という方は要注意。腸の活動が停滞してしまっている恐れがあります。そもそも、ダイエット成功のカギを握るのは「腸内環境を整えること」です。その腸内環境が悪化していると、栄養が全身にうまく運ばれず、そのまま皮下脂肪や内臓脂肪になってしまいます。それを防ぐためにも、しっかり朝食を摂ることが大事なのです。私がおすすめする朝食は、「キウイヨーグルト」。その効果は後ほど解説しますので、明日の朝食のために、今日はキウイとプレーンヨーグルト200g、はちみつを買って帰りましょう。

FROM Dr.KOBAYASHI

キウイヨーグルトは、ダイエットの救世主！料理が苦手な人でも簡単に作れますし、時間がない朝にはうってつけのメニューです

step.2

朝起きたら
まずカーテンを開けて
朝日を浴び、思いっきり
伸びをしましょう。

TODAY'S POINT
2

朝日を浴びて、
体内時計を正常な状態へ

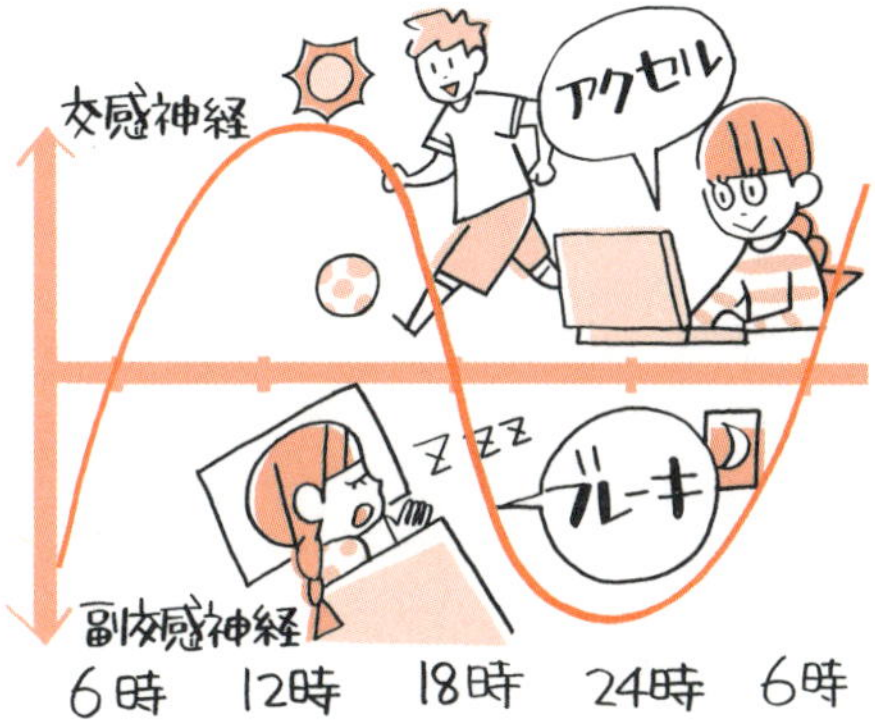

腸内環境を改善する上で重要なのが、「自律神経」のバランスを整えることです。内臓や血管の働きをコントロールする自律神経は、上の表のように「交感神経」と「副交感神経」の２つにわけられます。日中に優位になる交感神経は車でいうところのアクセル、夜に優位になる副交感神経はブレーキのような役割を果たしています。そして腸の消化吸収が活発化するのは、この副交感神経が優位なとき。しかし、夜型の生活を続けていると交感神経が優位になってしまい、腸の活動を妨げてしまいます。それを防ぐためにも、朝日を浴びる朝型生活を心がけることが大切です。

FROM Dr.KOBAYASHI

自律神経を整えるためにも、朝日を浴びて「体内時計」を正常な状態へと導きましょう。深夜までダラダラ起きているのは禁物ですよ

step.1

今日から朝食の定番はキウイヨーグルトです！

check it!

いつものチェック

- □体重測定
- □コップ1杯の水
- □キウイヨーグルト

kg

今日のお通じ

○ △ ×

TODAY'S POINT

1

ヨーグルト＋食物繊維が美腸のための最強メニュー

ヨーグルト

腸に届くと悪玉菌を抑制する善玉菌が増加

キウイ

腸に効く水溶性食物繊維とビタミンCが豊富

はちみつ

はちみつに含まれるオリゴ糖が善玉菌のエサに

ヨーグルトに食物繊維をプラスするだけで、驚くほどの整腸作用が期待できます。特にキウイは、善玉菌のエサになる水溶性食物繊維と、便のカサを増す不溶性食物繊維をバランスよく含み、腸活にぴったりな食材です。

FROM Dr.KOBAYASHI

ヨーグルト200ｇに対し、キウイ½個、はちみつ大さじ½が分量の目安です。今日からこれが朝食の定番メニューですよ！

step.2

今日は、アマニ油を買いに行きましょう。

TODAY'S POINT

2

頑固な便秘の解消には油の摂取が効果的

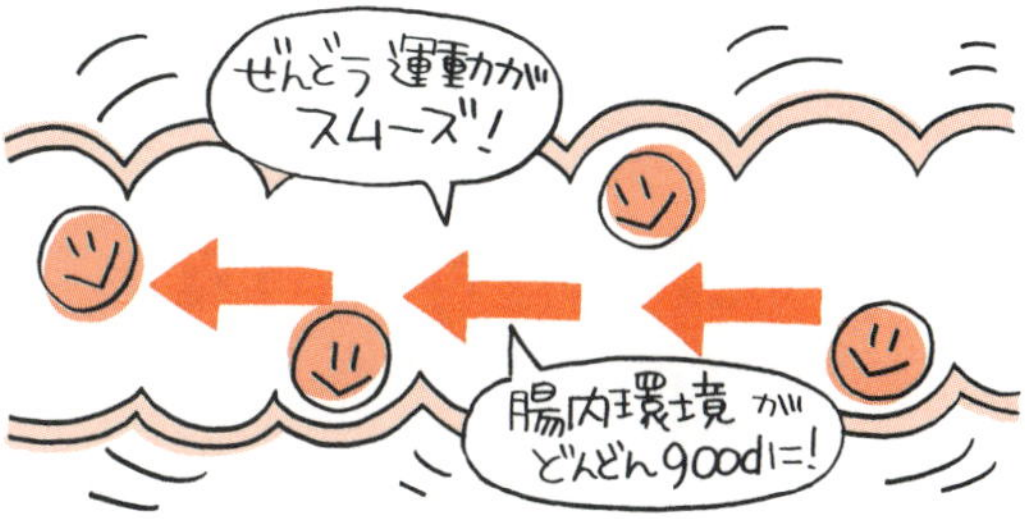

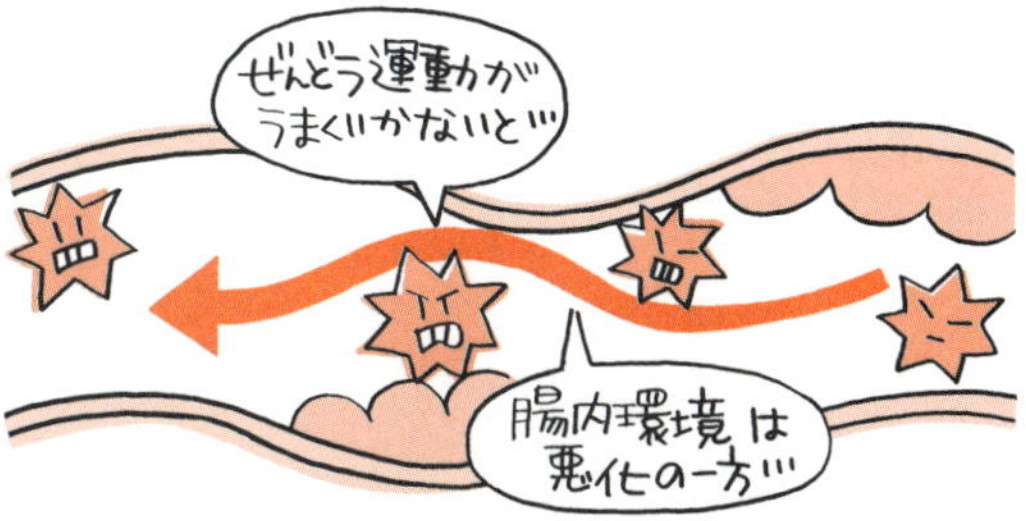

これまでのメソッドに加え、さらに美腸へと近づくため明日から油の摂取をお試しください。朝食前に摂ると、ぜんどう運動が促進され、腸に溜まっていた便がスルッと出てくるように。おすすめはアマニ油。詳しくは明日!

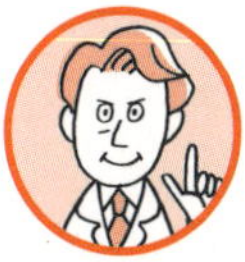

FROM Dr.KOBAYASHI

ぜんどう運動がうまくできないと、便が滞留して宿便になってしまいます。すると悪玉菌が増加し、腸内環境はどんどん悪化していくのです

step.1

今朝から毎日、大さじ1杯のアマニ油を摂りましょう。

check it!

いつものチェック

- □体重測定
- □コップ1杯の水
- □キウイヨーグルト
- □アマニ油

kg

今日のお通じ

○△×

TODAY'S POINT

1

大さじ1杯のアマニ油でぜんどう運動促進！

これまで解説してきた通り、腸内環境を整えるためには、便秘解消が必須条件。そして、頑固な便秘を改善するためには、ぜんどう運動を促進する油の摂取がおすすめです。ただし、油ならば何でもいいというわけではありません。積極的に摂りたいのは、「オメガ３脂肪酸」。これにあたるアマニ油は、「健康オイル」ともいわれており、脂肪分の燃焼を促進したり、コレステロール値を下げたりする効果もあります。香り・食感ともにサッパリしているため、そのまま摂取しやすいのもポイントです。朝食前の空腹時に、大さじ１杯のアマニ油を飲むことを習慣づけましょう。

FROM Dr.KOBAYASHI

オメガ３脂肪酸は、他にも血液サラサラ効果や、肌質の改善、冷え性や不妊症にも効果が期待できると言われている、万能な油なのです！

step.2

朝食を食べたら
とりあえずトイレに5分。
まず習慣を作りましょう。

TODAY'S POINT
2

朝食後の5分間は トイレにこもる習慣を

朝食後は、必ず5分、トイレにこもることを習慣化しましょう。体内時計が正常に働くようになると、夜に腸が消化活動を行い、朝には自然な便意が訪れます。排せつのリズムを体に覚えさせることが美腸への第一歩です。

FROM Dr.KOBAYASHI

ただし、無理に排便しようとするのは禁物。たとえ便が出なくても、「トイレにゆっくり入れる時間」を作ることが大切なのです

step.1

今日のゆるゆる腸活ストレッチ1 腸をしっかり刺激する ぐーっと全身伸ばし

check it!

いつものチェック

□体重測定
□コップ1杯の水
□キウイヨーグルト
□アマニ油

kg

今日のお通じ

○ △ ×

TODAY'S POINT
1

目が覚めたらベッドの上で全身をじっくり伸ばします

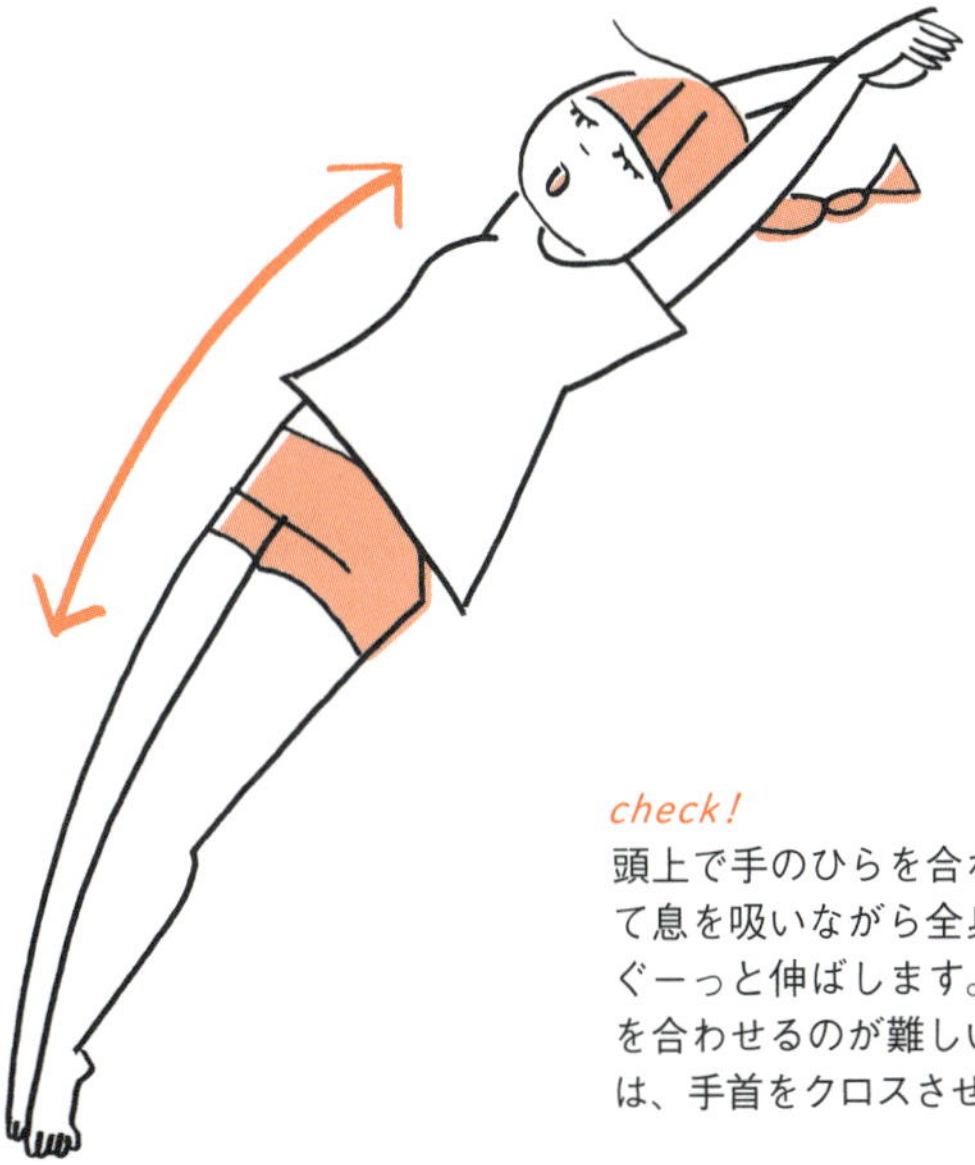

check!
頭上で手のひらを合わせて息を吸いながら全身をぐーっと伸ばします。手を合わせるのが難しい人は、手首をクロスさせて

今日からは、日々の生活にストレッチも取り入れましょう。まずは、目が覚めたらベッドの上でそのままできる簡単なものから。体の両脇をじっくり伸ばすことで、腸に適度な刺激が加わりスムーズな便通へと導きます。

FROM Dr.KOBAYASHI
起き抜けに行うことで、自律神経のバランスを整える効果も期待できます。できれば毎朝実践し、少しずつ体を正常な状態へ導きましょう

step.2

5の付く日はご褒美を。
今日の美腸デザートは腸の善玉菌を増やす甘酒いちご♪

用意するもの

甘酒……100㎖／イチゴ……3個

お通じに効果絶大な 甘酒いちごがご褒美です

発酵食品である甘酒は、腸内環境を整える最高の食材です。
そこにいちごの水溶性食物繊維を加えることによって、
腸内の善玉菌を増やすことができます

recipe

①甘酒を100㎖用意する
②いちご3個を適当な大きさにカット
③それらをミキサーで混ぜるだけ

FROM Dr.KOBAYASHI

まずは5日間、よく頑張りましたね！　－3kgに向けてダイエットのモチベーションを維持するためにも、定期的に自分へご褒美を！

step.1

今日のゆるゆる腸活ストレッチ 2
ぜんどう運動を高める
さかさ自転車こぎ

check it!

いつものチェック

- □体重測定
- □コップ１杯の水
- □キウイヨーグルト
- □アマニ油

kg

今日のお通じ

○　△　×

TODAY'S POINT

1

腰をぐっと持ち上げ 足を大きく回転させます

check!
ベッドの上で腰から背中のあたりを両手でしっかり支えて、両足を空中に高く持ち上げます。足を高く引き上げたまま、自転車のペダルを踏むように、片足ずつゆっくりと大きく回転させましょう。30秒くらいが目標です

今日のストレッチも、起き抜けにベッドの上でできる簡単なものです。自転車をこぐ要領で、大きく足を回転させましょう。腸に刺激が届いていることを意識しながら行うと、より効果的ですよ。目も覚めて一石二鳥です。

FROM Dr.KOBAYASHI

体を逆さまにして大きく足を動かすことで、腸のぜんどう運動効果を高めます。朝のお通じがより快適になるはずです

step.2

今夜からご飯を炊くときは、もち麦を買って混ぜてみましょう。

TODAY'S POINT 2

ご飯にもち麦を混ぜて水溶性食物繊維を摂ります

¥450（税抜）
問株式会社はくばく
0120-089890

腸内環境改善に有効な「食物繊維」には、水に溶けない「不溶性食物繊維」と、水に溶ける「水溶性食物繊維」の２つの種類があります。不溶性のものは便のカサを増やし、ぜんどう運動を促進する一方で、水溶性のものは便の水分を増やして柔らかくし、善玉菌のエサにもなります。どちらも重要な栄養素ですが、便秘症の人は、まず水溶性食物繊維を摂ることが先決。そこで役立つのが「もち麦」です。米や小麦に比べ、水溶性食物繊維が豊富に含まれており、腸の働きを活性化してくれます。また、毎朝食べているキウイも、実は水溶性食物繊維を多く含むのです。

FROM Dr.KOBAYASHI

もち麦は、大腸に届くと代謝をアップさせる「短鎖脂肪酸」も生成してくれるので、食べ続けるといっそうダイエット効果が期待できます

step.1

今日のゆるゆる
腸活ストレッチ③

トイレで便通を後押し!

足首タッチひねり

check it!

いつものチェック

- □体重測定
- □コップ１杯の水
- □キウイヨーグルト
- □アマニ油

kg

今日のお通じ

○△×

TODAY'S POINT
1

5分間のトイレタイムに腸に効くストレッチを

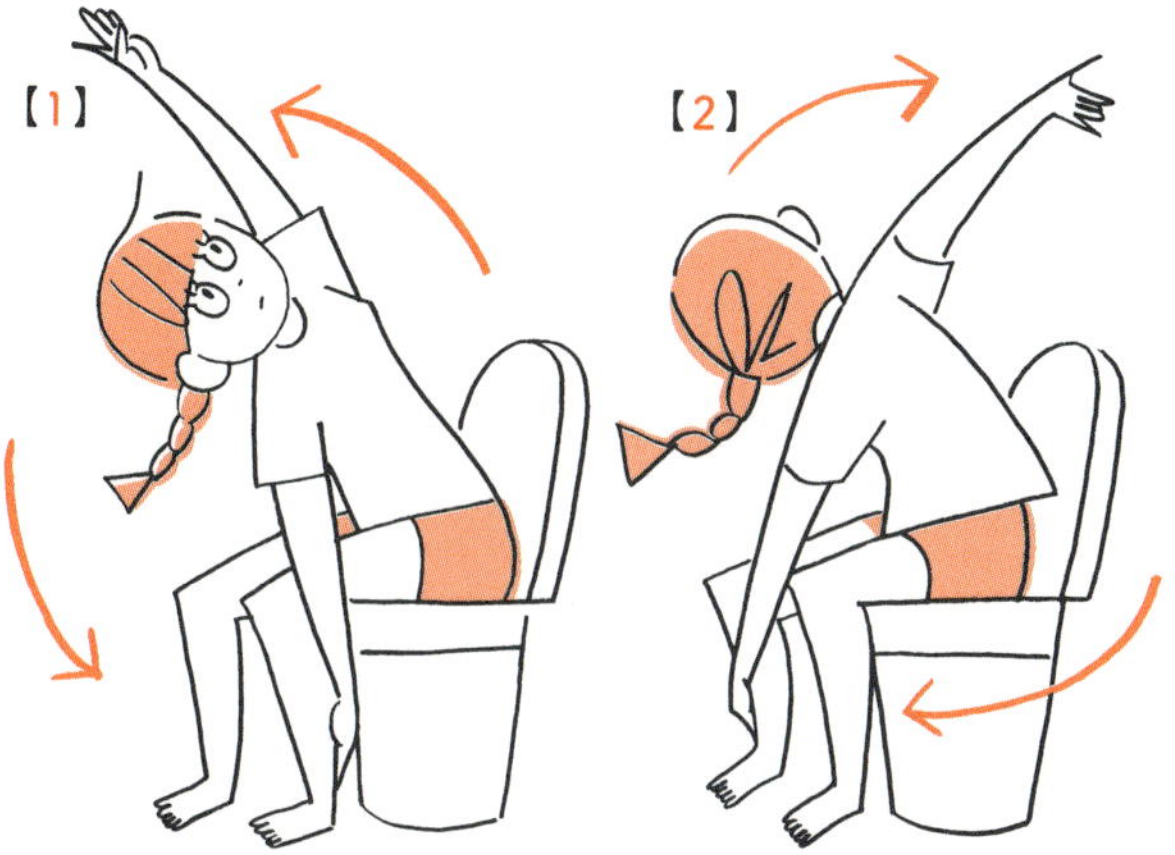

check!

便座に浅く腰掛け、肩幅に足を開きます。右手で、左足のくるぶしにタッチし、左手は頭上へ。そのまま10秒キープします

》

check!

今度は左手で右足のくるぶしを触ります。体を大きくひねり、腸に刺激を。左右10回ずつを目標に行いましょう

どうしても便が出にくいとき、焦っていきむのはNGです。そんなときはトイレ内でできる、簡単なストレッチを行いましょう。腸と肛門括約筋（かつやくきん）に刺激を与えれば、溜まり気味だった便がスッと押し出されるはずです。

FROM Dr.KOBAYASHI

体をグッとひねることで、刺激が腸へダイレクトに届きます。なかなか出てくれないときは、まずこのストレッチを試してみましょう

step.2

今日は電車で座らない！でノンストレス通勤

TODAY'S POINT
2

立ったままでの通勤
実は良いことずくめ！

check!

せっかく朝型生活を取り入れても、電車内での行動次第では、途端に自律神経が乱れてしまいます。些細なことが自律神経に影響すると心得ておきましょう

座ってばかりでは体に負担大

座りっぱなしは血流を滞らせ体に負担を与えます。「座っている時間が長い人ほど早死にする」という研究結果もあり

座れなくてイライラしてしまうと…

イライラは交感神経を急激、かつ過剰に優位にします。電車内で慌てて座席を探すのは、百害あって一利なしです

必死になって空いた座席を探すという行為は、ストレスを生みますよね。そして、そのストレスが、交感神経を過剰に優位にし、健康状態を悪化させるのです。たまには立ったままの状態で、ノンストレス通勤をしてみましょう。

FROM Dr.KOBAYASHI

揺れる電車の中、美しい姿勢で立つことは体幹トレーニングにもつながります。ダイエット中は通勤時間も有効活用しましょう

step.1

今日のゆるゆる
腸活ストレッチ④
ぜんどう運動を促す！
お尻スライド

check it!

いつものチェック

□体重測定

□コップ１杯の水

□キウイヨーグルト

□アマニ油

kg

今日のお通じ

○ △ ×

TODAY'S POINT
1

お尻をスライドさせて直腸に刺激を届けます

【1】

【2】

check!
便座を手で押さえて、体を安定させます。次に腰を前に突き出すようにして、お尻を少し浮かせますたら5〜10秒キープ

check!
お尻を後ろにスライドさせて戻します。この動きを10回くり返します。大きな動きで、ぜんどう運動を促します。

「あともうちょっとで出そう」というときに最適なのが、このストレッチです。シーソーのように体を前後に動かし、直腸に詰まった便を下ろします。直腸の位置を大きく動かすことで、ぜんどう運動を促すことを意識してくださいね。

FROM Dr.KOBAYASHI
ただし、「出ない！」とイライラすると、自律神経が乱れてしまいます。あくまでもリラックスした状態で行うことが大切です

step.2

今日は自律神経を整える
新しい入浴法を
試してみてください。
（全身浴5分▼半身浴10分）

TODAY'S POINT
2

全身浴５分、半身浴は10分で！

自律神経は急激な温度変化に弱く、すぐに乱れてしまいます。特に顕著なのが、入浴時。副交感神経が優位になる夜に熱いお湯につかってしまうと、交感神経が刺激され体は興奮状態に。すると、就寝時も副交感神経が優位にならず、腸内環境のバランスも崩れてしまいます。そのため、今日からは正しい入浴法を取り入れていきましょう。まず、お湯の温度は39〜40度のややぬるめに設定します。そのお湯を肩から全身にかけ、ゆっくり湯船に。そして、最初は首までつかる「全身浴」を５分。その後、半身浴を10分行います。このとき、下半身を温めることが肝心です。

FROM Dr.KOBAYASHI

あまり長くつかりすぎてしまうと、せっかくリラックスした体が興奮状態になり、交感神経が優位になります。長風呂には要注意です

step1

今夜は寝る前にホットはちみつヨーグルトを食べましょう。

check it!

いつものチェック

- □体重測定
- □コップ１杯の水
- □キウイヨーグルト
- □アマニ油

kg

今日のお通じ

○ △ ×

用意するもの

プレーンヨーグルト……1カップ／水……スプーン1杯
はちみつ……スプーン1杯

就寝前には、腸内を整える“温かい”ヨーグルトを

乳酸菌は熱に弱いのですが、その死骸がしっかり
善玉菌のエサになるのでご安心ください。副交感神経が優位になる、
腸のゴールデンタイムの夜に食べるのがおすすめ。

recipe

①ヨーグルトに水を加えかき混ぜる
②①を電子レンジで50秒加熱する
③②にはちみつを加えたらできあがり

FROM Dr.KOBAYASHI

乳酸菌の数は実に100種類以上。体にもたらす作用が異なり人によって効く・効かないがあるため、食べ比べて合う商品を見つけましょう

step.2

今日のゆるゆる
腸活ストレッチ5

便の詰まりを改善する
腸つかみ腰まわし

TODAY'S POINT

1

大腸の"曲がり角"に強い刺激を与えます

【1】

check!

背筋を伸ばして立ち、左手で肋骨の下、右手で腰骨の上を力強くつかみます。大腸の曲がり角をつかむことを意識して！

【2】

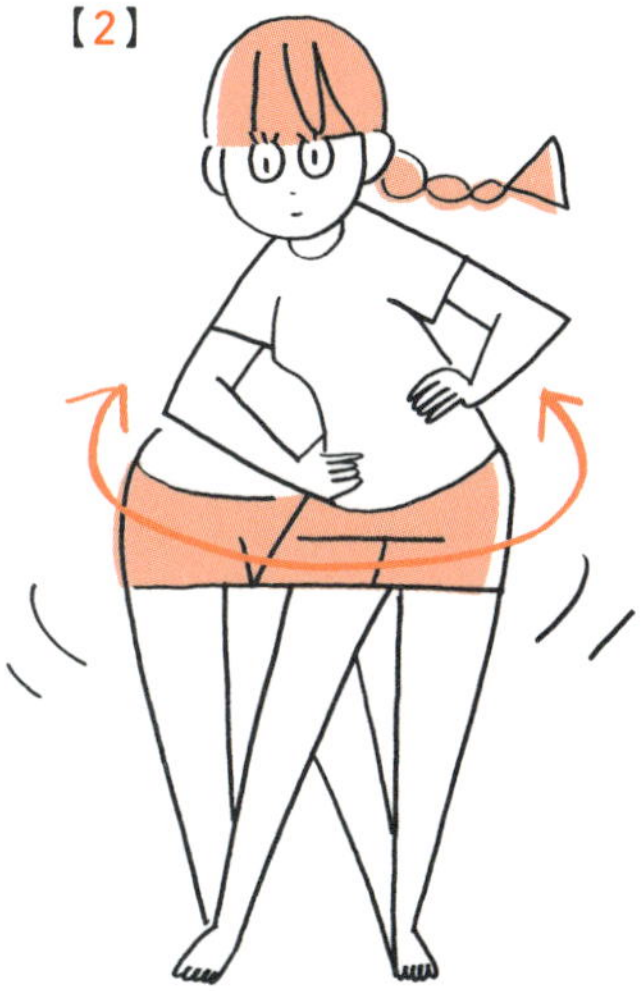

check!

その状態で、肛門を締めながら、左右8回ずつ大きくまわします。1日に何度行ってもOKなので、スキマ時間にトライ!!

FROM Dr.KOBAYASHI

便の詰まりやすいポイントを痛くならない程度にギュッとつかんで、刺激を与えましょう。こまめに行えば、効果絶大です

step.1

今日だけは
脱エレベーター！
すべて階段を使って
移動してください。

check it!

いつものチェック

□体重測定
□コップ１杯の水
□キウイヨーグルト
□アマニ油

kg

今日のお通じ

○ △ ×

TODAY'S POINT
1

階段で全身の血流アップ！

check!
お尻の大臀筋（だいでんきん）が使われ、ヒップアップ効果も期待できます。太ももの筋肉も連動し、大きな筋肉を使うことで代謝もアップ。

本格的なエクササイズを取り入れる前に、まず今日だけは「階段」を使うことを意識してみましょう。足腰を鍛えることで、ダイエット効果はもちろん、血流が良くなり便秘改善や免疫力の向上も期待できるようになります。

FROM Dr.KOBAYASHI

これはジムに通わずともできる、日常的なエクササイズ。階段の上り下りを続けることで、少しずつ足腰が鍛えられていきます。ぜひ継続的に！

step.2

これから先、週の半分は休肝日を設けましょう。飲むなら、赤ワインか焼酎で!

TODAY'S POINT

2

自律神経を乱さないよう 週の半分は休肝日に

仕事の後の1杯が至福のとき！　という方も少なくないでしょう。ただし、飲みすぎには注意が必要です。深酒をすると、摂取したアルコールを分解するために体が活動状態になり、必然的に睡眠が浅くなってしまいます。その結果、脳がしっかり休まらず、自律神経のバランスも崩れてしまうのです。それを防ぐためにも、週の半分は「休肝日」を設けるようにしましょう。どうしても飲み会が続くようであれば、常にお酒と同量の水か白湯も一緒に飲むこと。脱水症状や悪酔いを防いでくれます。オススメは焼酎。糖質がゼロなので、太る心配も少ないですよ。

FROM Dr.KOBAYASHI

ウイスキーの他、ポリフェノールが含まれる赤ワインもオススメです。抗酸化作用があり、老化防止につながります

step.1

今日から10日間、セル・エクササイズにトライしましょう！

check it!

いつものチェック

- □体重測定
- □コップ１杯の水
- □キウイヨーグルト
- □アマニ油
- □セル・エクササイズ

kg

今日のお通じ

○ △ ×

try!
EVERY DAY

TODAY'S POINT
1

セル・エクササイズで 心身のバランスを整えます

MERIT

血流がアップする

細胞の一つひとつに良質な血液が流れ、身体機能が向上します。老化や病気の予防にも

MERIT

腸内環境が整う

腸の働きを活発化させることで、腸内環境が正常な状態へ導かれ、便秘解消&美肌にも◎

MERIT

メンタルが安定する

副交感神経の機能がアップすることで、メンタルが安定。うつ状態の改善にも効果あり

さあ、今日からは「体と心を鍛える10日間」のはじまりです！　ダイエット成功のカギを握るのは、心身のバランスを整えること。体だけを鍛えていても、心が乱れていては自律神経のバランスが崩れてしまい、腸内環境が悪化してしまいます。そこで、体と心の双方に効く「セル・エクササイズ」にチャレンジしましょう。このエクササイズの特徴は、細胞の一つひとつにアプローチし、自律神経を整え、体幹を鍛え、軸を作り出せること。くり返すことで副交感神経が上がり、腸内環境も改善されます。それでは次のページに進んでみましょう！

FROM Dr.KOBAYASHI

セル・エクササイズについてもっと知りたいという方は、スマートフォンアプリ『CARTE』をインストールしてみてください

step.2

今日のゆるゆるセル・エクササイズ❶

肩こり・腰痛に効く！肩甲骨アップダウン

TODAY'S POINT
2

肩甲骨を上げ下げし 首回りの可動域を広げます

【1】

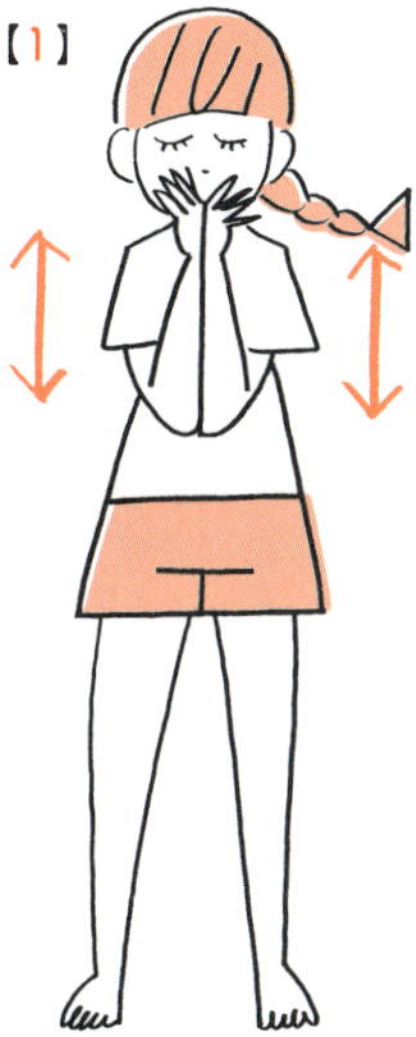

【2】

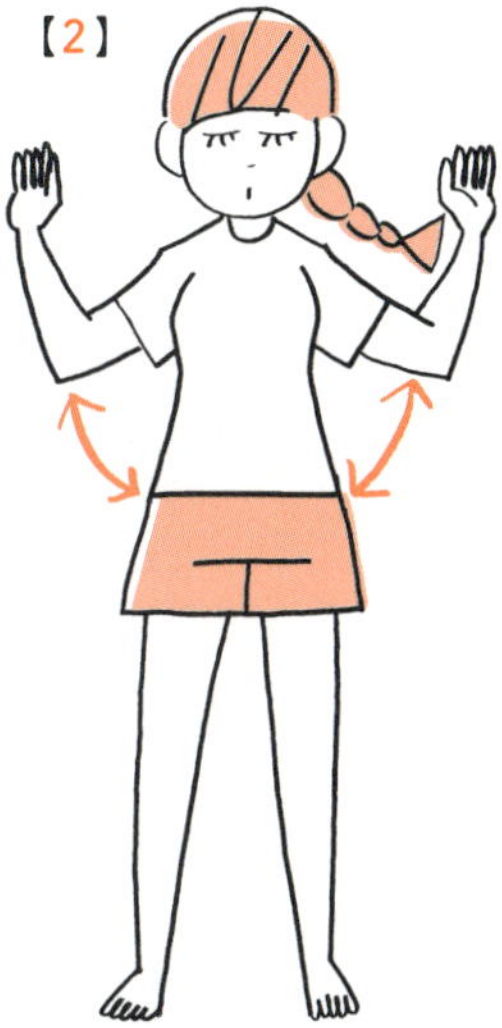

check!

足を肩幅に開き、ひじから手の甲を顔の前で合わせます。そのまま両腕を、肩からわき腹の高さに5回アップダウンさせます

≫

check!

両腕を真横に開き、肩からわき腹の高さまでひじの上げ下げを5回行います。〔1〕と〔2〕を4回くり返しましょう

FROM Dr.KOBAYASHI

首回りの可動域を広げることで、肩こりや腰痛も緩和することができます。猫背にならないように注意しながらトライしましょう

step.1

今日のゆるゆるセル・エクササイズ②

肩甲骨回りをほぐす、腕伸ばし

check it!

いつものチェック

- □体重測定
- □コップ1杯の水
- □キウイヨーグルト
- □アマニ油
- □セル・エクササイズ

kg

今日のお通じ

○ △ ×

TODAY'S POINT

1

手先にまで血液を循環させ冷え性を改善します

check!

背筋を伸ばし、左手を横に伸ばして右手の中指と薬指をつかみます。右ひじを後ろに小刻みに10回引きます。反対側も同様に

こちらは前腕から肩甲骨周辺の筋肉をほぐすセル・エクササイズです。上肢を中心に血流がアップするため、手先の冷えに悩む方には効果てきめんでしょう。緊張やストレスでこわばった体もほぐしてくれるはずです。

FROM Dr.KOBAYASHI

ポイントはひじをしっかりと伸ばすこと。寒い季節はもちろん、夏の冷房などで「手先が冷えたな」と思ったときにもおすすめです

step.2

今日の食事はがんばって
ひとくち30回嚙むことを
目標にしてみましょう。

TODAY'S POINT
2

唾液をあなどるなかれ よく噛むことが大切です

ダイエット中は、食事内容にだけ気を配ればいいというわけではありません。重要なのは、「よく噛む」ということ。リズミカルによく噛むことで、こわばっていた表情筋がほぐれ、副交感神経が優位に。また、噛めば噛むほど唾液が分泌され、腸が活性化される上に、満腹中枢が刺激されて食べすぎを防ぐことができます。唾液には消化酵素や免疫物質、若返りホルモンと呼ばれる「パロチン」も含まれているため、噛むだけで美容効果も高まるのです。今日から目標は「ひとくち30回」。噛み応えのある食材をチョイスし、ゆっくり噛んで食べることを意識してみましょう。

FROM Dr.KOBAYASHI

おやつを選ぶときも、噛み応えのあるものを意識しましょう。例えば、ナッツやドライフルーツ、リンゴなどを選ぶのがおすすめです

step.1

今日のゆるゆる
セル・エクササイズ③
気になる腰回りにアプローチする全身回し

check it!

いつものチェック

- □体重測定
- □コップ１杯の水
- □キウイヨーグルト
- □アマニ油
- □セル・エクササイズ

kg

今日のお通じ

○ △ ×

TODAY'S POINT

1

体幹をほぐすことで全身に血液を巡らせます

【1】

check!
肩幅に足を開き、上半身をピンと伸ばします。手首はクロスした状態でスタンバイしましょう

》

【2】

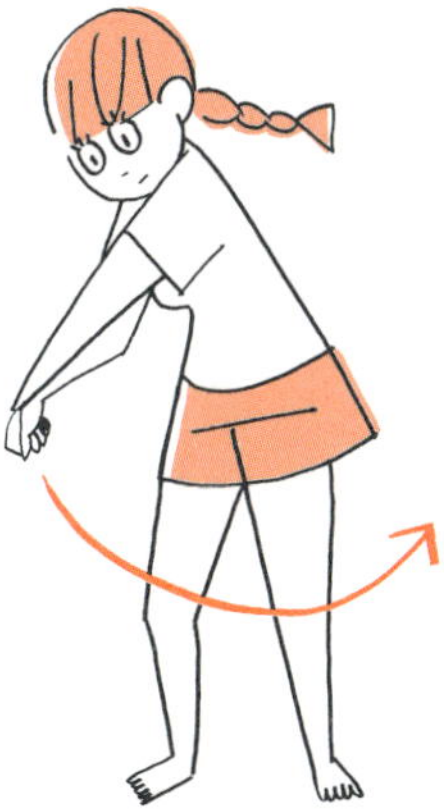

check!
手のひらをグー・パーしながら、時計回りに1回転。遠くのものをつかむ感覚で、全身を大きく回しましょう

》

【3】

check!
大きく回して〔1〕の状態に戻ったら、次は反時計回り。手首のクロスが難しい人は手首同士を合わせるだけでも○

FROM Dr.KOBAYASHI

1本のまっすぐな棒になったつもりで全身を気持ちよく伸ばしましょう。腰痛や腰回りをすっきりさせる効果も期待できます

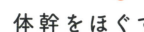

step.2

寝る前に1か所、15分間だけ、片付けをしてみましょう。

TODAY'S POINT
2

「短時間の片付け」が自律神経改善に効果あり

人は片付けをすると、自然に深く良い呼吸をするようになり、それが自律神経のバランスを整えることにつながるのです。そこで、取り入れていただきたいのが、「15分間だけ整理整頓」です。限られた時間内に、たった1か所の片付けを行う。それだけで気持ちが落ち着き、自律神経が整います。ただし、時間に追われながらやるのでは逆効果。慌てて片付けをしてしまっては、自律神経が乱れるばかりです。おすすめは、就寝前のリラックスタイム。心が穏やかになっているタイミングで実践することで、さらに副交感神経が優位になり良い眠りを導くことができるでしょう。

FROM Dr.KOBAYASHI

長時間片付けを行うと、交感神経が高まってしまうので要注意。気になるところを見つけても、「1日15分間だけ」と決めて行いましょう

step.1

今日のゆるゆるセル・エクササイズ4
スマホ生活でこり固まった首を回す

check it!

いつものチェック

□体重測定
□コップ１杯の水
□キウイヨーグルト
□アマニ油
□セル・エクササイズ

kg

今日のお通じ

○　△　×

TODAY'S POINT
1

ゆっくりした動きで 偏頭痛を撃退しましょう

【1】

【2】

check!
背筋を伸ばした状態で、椅子に座ります。体の前で腕を真っ直ぐに伸ばし、両手首をクロスさせましょう。肩の力は抜いて

》

check!
〔1〕の姿勢をキープし、首を時計回りにゆっくり回します。手首を組みかえ反対側も同様に。この動きを3回くり返します

FROM Dr.KOBAYASHI
自律神経のバランスを崩す原因となる「偏頭痛」を改善。手首をロックすることで頚椎に負担をかけず首回りを効率的にストレッチできます

step.2

寝る前に自律神経を整える呼吸法を試してみてください。

TODAY'S POINT
2

良質な呼吸のカギは 1：2のバランス

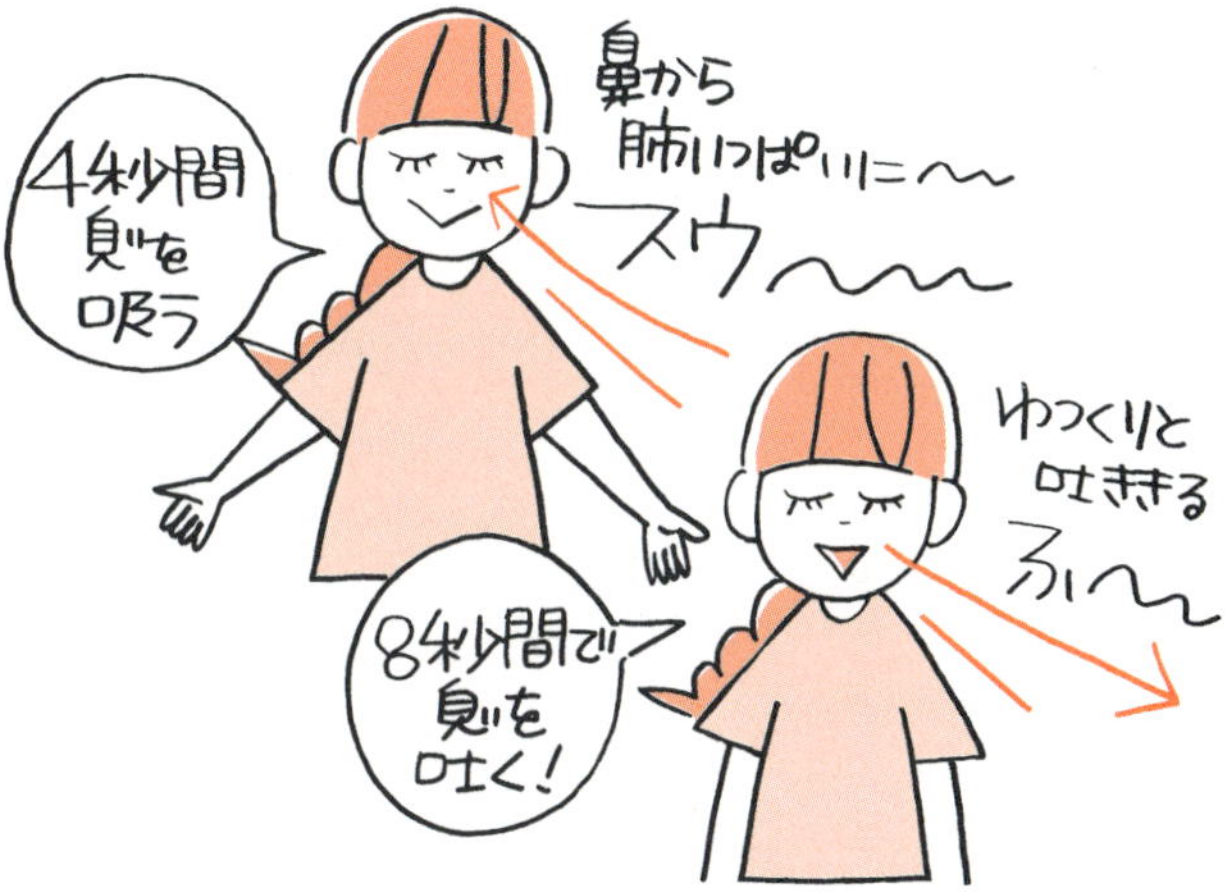

「深呼吸」には体をリラックスさせ、自律神経を整える効果があります。ポイントは「1：2」。4秒かけて息を吸い、8秒かけてゆっくり長く息を吐きます。これだけで肺に酸素がたっぷり補給され、自律神経も安定するのです。

FROM Dr.KOBAYASHI

頭を空っぽにし、ゆっくり深く息を吐くことが大切。10回ほどくり返すことでリラックスでき、就寝前に行えば良質な睡眠が得られます

step.1

今日のゆるゆるセル・エクササイズ5

血流も代謝もアップ！スクワット

check it!

いつものチェック

- □体重測定
- □コップ１杯の水
- □キウイヨーグルト
- □アマニ油
- □セル・エクササイズ

kg

今日のお通じ

○ △ ×

TODAY'S POINT

1

ゆっくりスクワットで 全身の代謝をアップ

check!

足を肩幅に開き、両手を真っ直ぐに伸ばします。背筋をピンと伸ばしたまま、息を吐きながらゆっくり腰を下ろしましょう

≫

check!

ひざが90度になるまでかがんだら、今度は息を吸いながら元の姿勢へ。呼吸を意識しながら、10回くり返します

FROM Dr.KOBAYASHI

背筋をきちんと伸ばし、胸を開くのが肝心です。ひざが90度以上曲がり、つま先よりも前に出てしまうと意味がないので注意しましょう

step.2

5の付く日は
ご褒美の日。
今日の美腸デザートは
乳酸菌チョコレート♪

GOHOUBI DAY

TODAY'S POINT
2

デザートを選ぶときも 腸内環境改善を意識

やっと「ご褒美の日」がやって来ました！　ここまでお疲れさまでした。今日は「乳酸菌チョコレート」を食べて、自分を労《ねぎら》ってあげましょう。乳酸菌を配合したチョコレートはいくつかのメーカーから販売されており、乳酸菌の種類も異なるので食べ比べてみるのもいいでしょう。ダイエット中は甘いものを食べることに罪悪感を覚えてしまうと思いますが、乳酸菌が摂れると思えば、その気持ちも少し薄らぐのではないでしょうか。また、甘いものを食べてリラックスすることは、副交感神経を高めることにもつながります。我慢しすぎず、効果的に摂取しましょう！

FROM Dr.KOBAYASHI

チョコレートには他にも効果が。カカオ分70%以上のハイカカオチョコを選べば、カカオポリフェノールによる抗酸化作用も！

step.1

今日のゆるゆる
セル・エクササイズ6
心地良い眠りを誘う
背骨&肩甲骨ほぐし

check it!

いつものチェック

- □体重測定
- □コップ1杯の水
- □キウイヨーグルト
- □アマニ油
- □セル・エクササイズ

kg

今日のお通じ

○ △ ×

TODAY'S POINT

1

就寝前には体を リラックスモードに

check!

仰向けになり、息を吸いながら両腕を上に伸ばします。肩甲骨が開いていることを意識しましょう

【1】

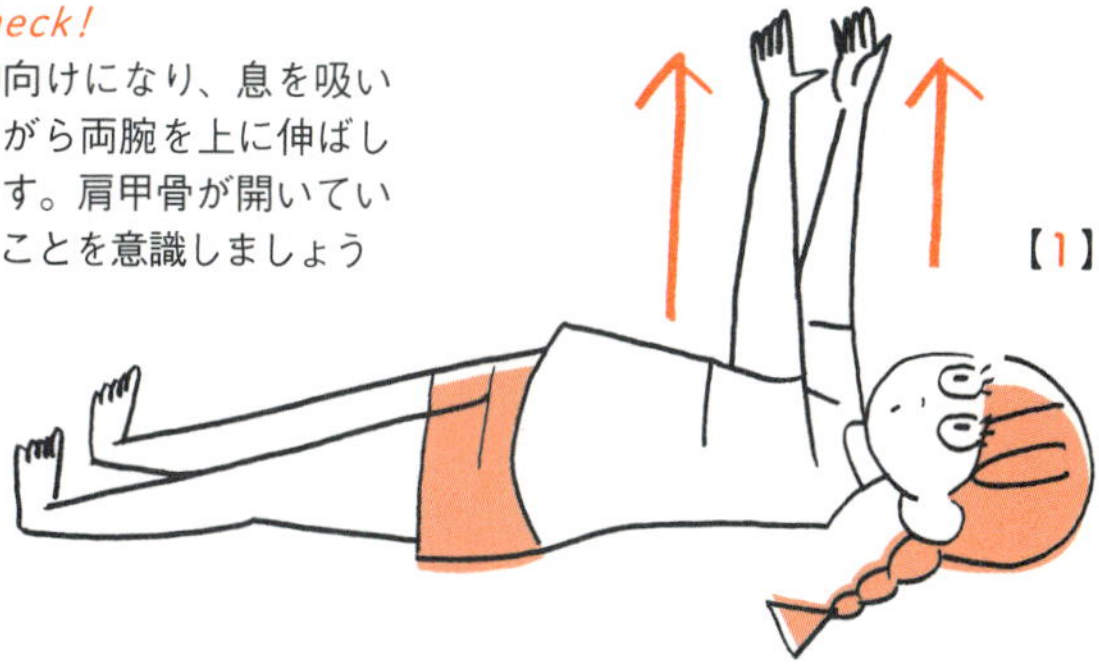

check!

息を吐きながら、腕を一気に下ろします。手のひらを胸の上に落とす感覚で。ひじが床にぶつからないようにご注意を

【2】

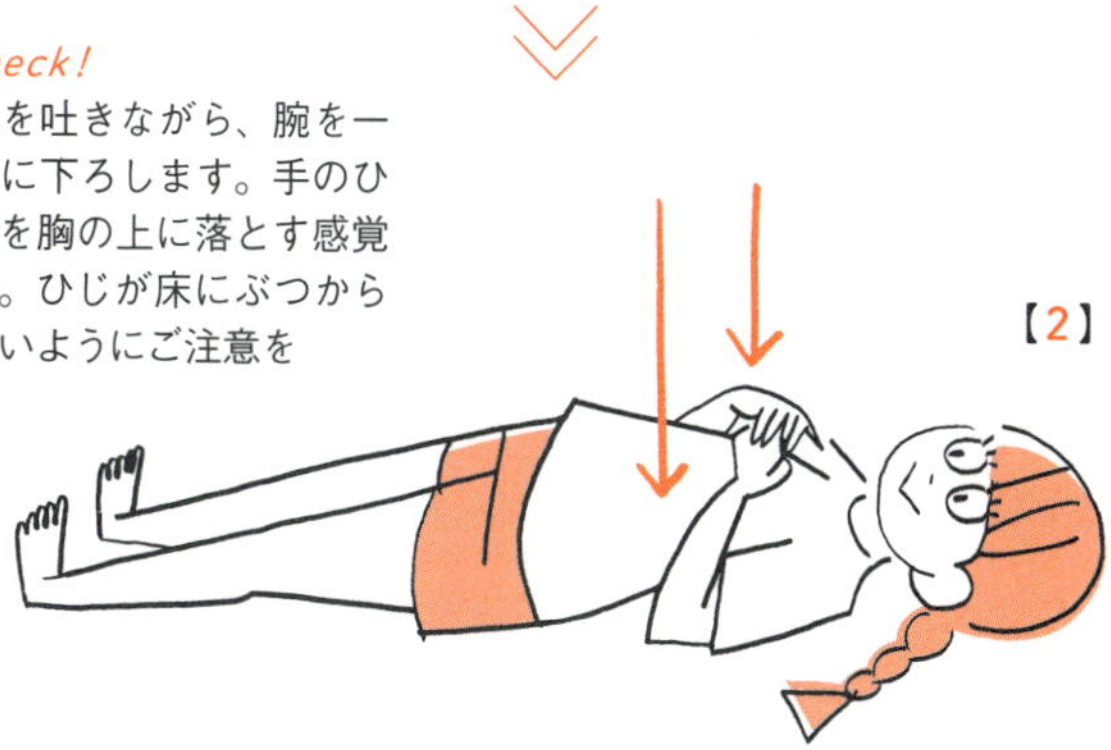

FROM Dr.KOBAYASHI

腕を伸ばすときには、肩甲骨から伸ばすつもりで行うと、左右の肩甲骨がしっかり開きます。就寝前にベッドの上で行ってもいいですね

step.2

心の不安の種を意識して書き出すことでメンタルを整えましょう。

TODAY'S POINT

2

不安を書き出すことでストレス源を撃退します

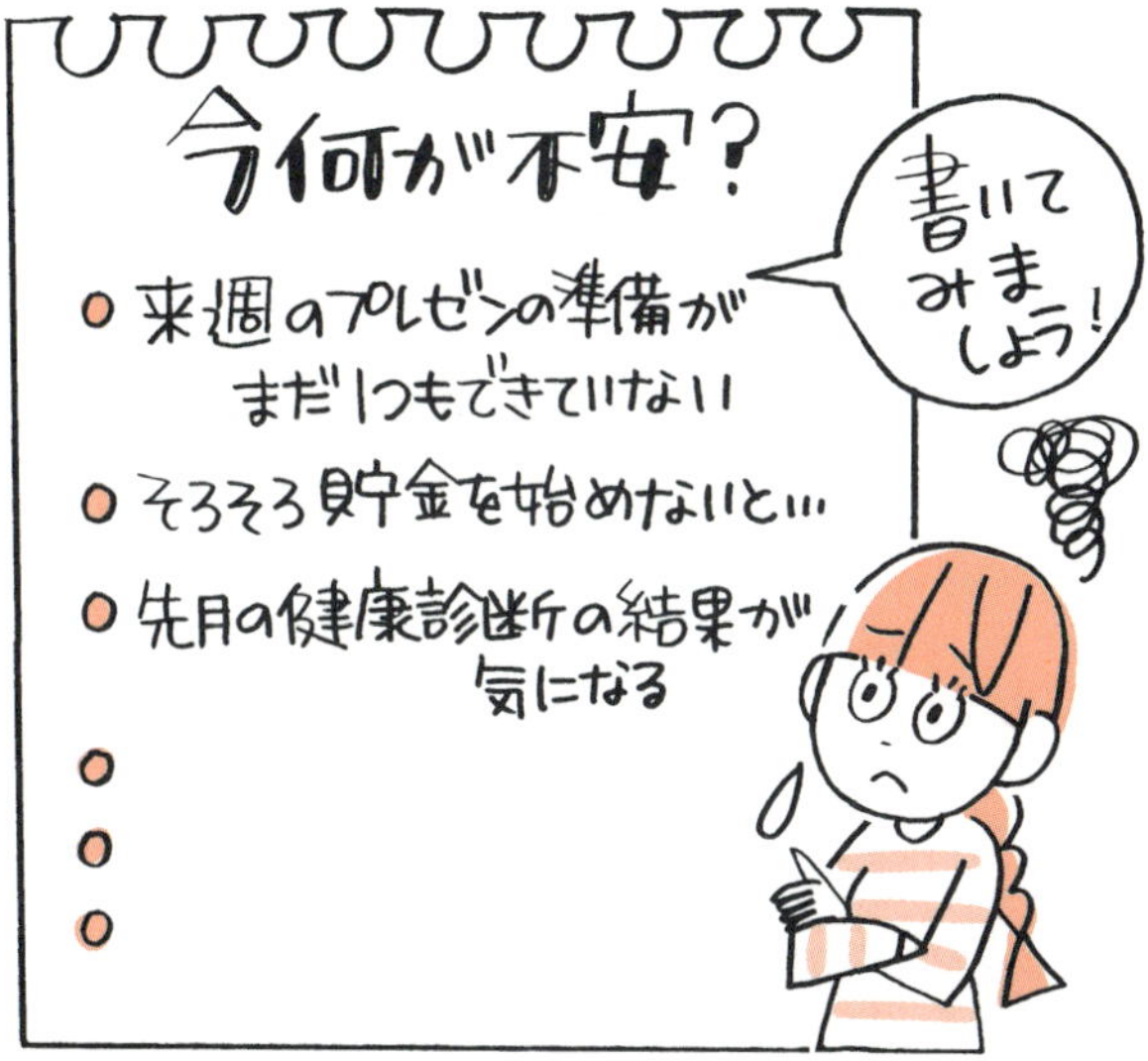

ストレスは自律神経のバランスを崩す大敵です。その原因となる「不安の種」は、書き出すことで明確になり、解消法も見えてきます。自分が何に不安を感じているのかを把握するだけで、その大部分が消えていくでしょう。

FROM Dr.KOBAYASHI

「今日は○○に気をつけよう」と、自分に対して「良い呪文」を唱えてあげることも効果的。意識することが、大きなミスを防いでくれます

step.1

今日のゆるゆるセル・エクササイズ7
やる気のスイッチオン！
両腕の投げ上げ

check it!

いつものチェック

- □体重測定
- □コップ１杯の水
- □キウイヨーグルト
- □アマニ油
- □セル・エクササイズ

kg

今日のお通じ

○ △ ×

TODAY'S POINT

1

両腕を大きく振り上げ モチベーションもアップ！

【1】

check!

足を肩幅に開き、体幹を意識しながら体を左にひねります。その勢いで右腕を前方に、左腕を後方に大きく振り上げます

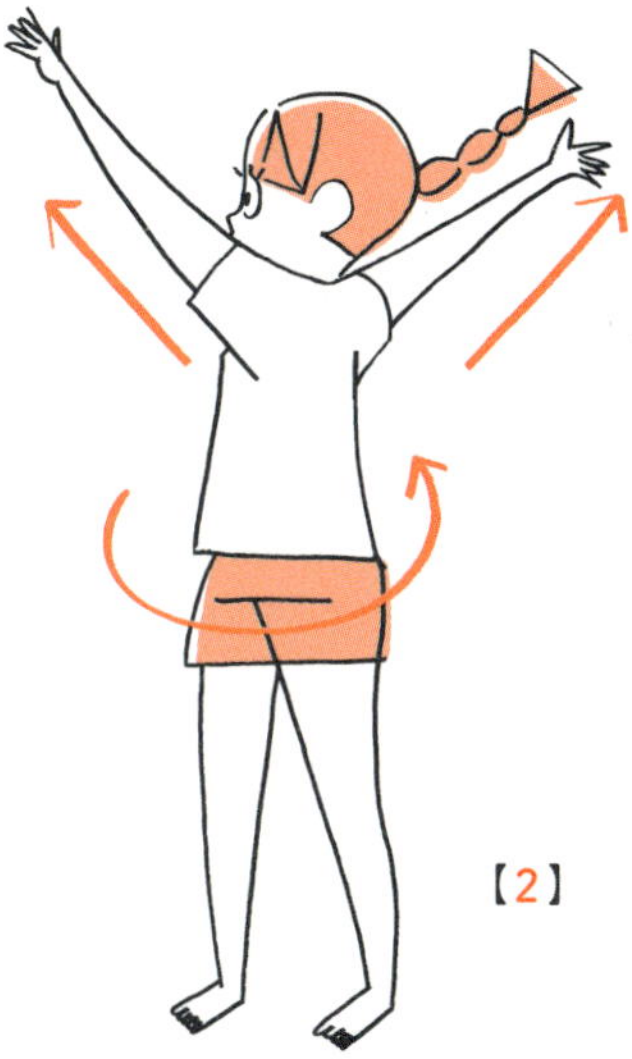

【2】

check!

今度は体を右にひねり、右腕を後方に、左腕を前方に振り上げます。左右合わせて、16回くり返しましょう！

FROM Dr.KOBAYASHI

食後などに副交感神経が高まると、眠気に襲われ仕事や家事のやる気が低下しがち。そんなときにぜひ！ 肩こりの緩和にも効果的です

step.2

今日は「ため息」解禁。気がすむまで「ため息」をついていいのです。

TODAY'S POINT
2

ため息は体にとっての リカバリーショット

「ため息をつくと幸せが逃げる」などといわれていますが、実はため息には、ストレスや集中のしすぎによる浅い呼吸をリセットする働きがあります。大きなため息は副交感神経を高め、体にとっての「リカバリーショット」になるのです。その効果をさらに高めるためにも、ぜひP61で紹介した「1：2の呼吸法」を意識しましょう。4秒かけて息を吸い、8秒かけて息を吐く。ポイントは、なるべく細く長く吐くことです。鼻から息を吸うことや腹式呼吸など、細かいことは気にせず、「呼吸をしている」ことだけを意識することで、ストレスでこわばった体が自然とほぐれていきますよ。

FROM Dr.KOBAYASHI

余裕があれば、毎日1分間だけしっかり呼吸する時間を取りましょう。正しく呼吸することで、自律神経のバランスが整えられます

step.1

今日のゆるゆる
セル・エクササイズ8

ぐっすり快眠！
腸にも効く、両膝倒し

check it!

いつものチェック

- □体重測定
- □コップ１杯の水
- □キウイヨーグルト
- □アマニ油
- □セル・エクササイズ

kg

今日のお通じ

○ △ ×

TODAY'S POINT
1

股関節をほぐすことで安眠効果が得られます

【1】

check!
仰向けに寝て、両腕を真横に広げます。息を吐きながら、両ひざを右に倒します

【2】

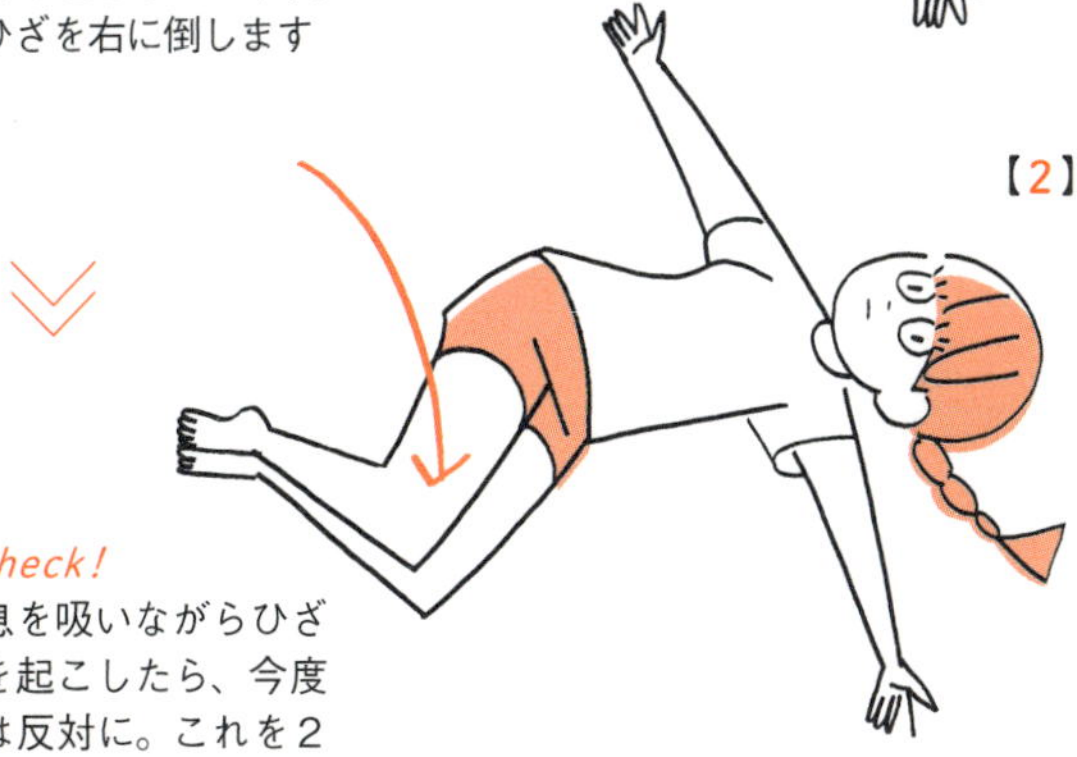

check!
息を吸いながらひざを起こしたら、今度は反対に。これを2回くり返します

FROM Dr.KOBAYASHI
股関節をリラックスさせることで副交感神経を優位に導き、安眠効果が期待できます。なかなか眠れない夜に実践してみてください

step.2

今晩は、久しぶりに
童心に返って
自律神経を整える
「ぬりえ」をしましょう。

TODAY'S POINT
2

ぬりえで呼吸を整え
副交感神経も高めます

規則的なモチーフを塗るのに没頭することで、呼吸が整い、リラックスできます。お好きなように塗ってください。さらに完成したときの達成感にはセラピー効果も◎

FROM Dr.KOBAYASHI

色えんぴつなど道具は何でもかまいません。色づかいもご自分の思うままに、ご自由に！　子どもの頃の気持ちに戻って楽しんでください

step.1

今日のゆるゆる
セル・エクササイズ9
美しいヒップラインを作る、開脚もも上げ

check it!

いつものチェック

- □体重測定
- □コップ1杯の水
- □キウイヨーグルト
- □アマニ油
- □セル・エクササイズ

kg

今日のお通じ

○ △ ×

TODAY'S POINT
1

下半身を強化し
外出時もストレスフリーに

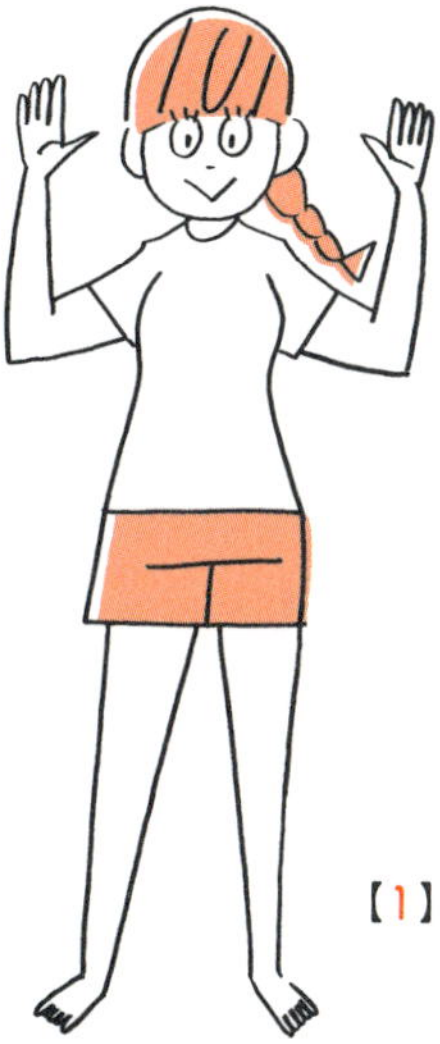

【1】

check!

足を肩幅に開き、真っ直ぐ立ちます。両手は肩の高さに広げて、ひじを90度の角度に曲げ、上に向けましょう

≫

【2】

check!

右足を開脚しながら高く上げ、ももの下で両手を「パン」と叩きます。足はなるべく横に開いて。左右交互に8回行います

FROM Dr.KOBAYASHI

股関節の可動域が広がり、足がスムーズに動かせるようになります。下半身の強化やヒップアップにも効果が期待できるでしょう

step.2

今日は、トイレに行くたびに鏡の前でにっこり笑ってください。

TODAY'S POINT
2

「作り笑顔」だって自律神経改善に効果的

仕事中、パソコンに向かっているとき、つい笑顔を忘れてしまいませんか。そのままでは表情筋がこわばり、自律神経も乱れがち。やがては呼吸が浅くなり、血流が悪くなる恐れも。そんな状態を一瞬で改善するのが「笑顔」です。たとえ作り笑いでも、口角を上げることで表情筋がほぐれ、リラックスでき、副交感神経が活発化。また、笑顔になると、免疫を高める「ナチュラルキラー細胞」の数も増加し、健康維持、そしてガン予防などにまで効果が期待できます。自律神経のバランスを保つためにも、今日はトイレの鏡の前でにっこり笑うことを心がけましょう。

FROM Dr.KOBAYASHI

交感神経優位の状態が続くと、血流が悪化し、ダイエットに良いことなし！　定期的な笑顔で、副交感神経にアプローチすることを忘れずに

step.1

今日のゆるゆる

セル・エクササイズ10

股関節をぐっと動かす
よつんばい足上げ

check it!

いつものチェック

- □体重測定
- □コップ１杯の水
- □キウイヨーグルト
- □アマニ油
- □セル・エクササイズ

kg

今日のお通じ

○ △ ×

TODAY'S POINT

1

股関節を大きく動かし リンパ管にアプローチ

【1】

check!

よつんばいになり、右足をお腹の方に寄せてから上に引き上げます。ひざを伸ばすよう意識して

【2】

check!

反対側も同様に、3回ずつくり返します。股関節からつま先までしっかり伸びているとベター

FROM Dr.KOBAYASHI

股関節を動かせば腸が活性化し、自律神経が整う上に老廃物の流れるリンパ管の詰まりを取ることも可能に。便秘改善、ヒップアップ効果も

step.2

今日は「親指の力を抜くこと」をあらゆる動作で意識してみてください。

TODAY'S POINT

2

ストレスを感じたときは親指の力を抜きましょう

人間は緊張すると、ぎゅっと握りこぶしを作る習性があります。それを逆手に取り、親指の力を抜けば、すーっと心身の力が抜けリラックスできます。緊張していると思ったらすぐ親指の力を抜き、心の穏やかさを取り戻して。

FROM Dr.KOBAYASHI

親指の力を抜くことで、自律神経も安定します。緊張や怒りをコントロールしたいときは、意識的に手のひらをぐっと広げてみてください

step.1

明日の夕食から小林式腸活みそ汁にチェンジ！

check it!

いつものチェック

- □体重測定
- □コップ１杯の水
- □キウイヨーグルト
- □アマニ油

kg

今日のお通じ

○ △ ×

try!
EVERY DAY
FINISH

用意するもの（作りやすい分量）

赤みそ、白みそ……各80g／玉ねぎ（すりおろす）……150g／りんご酢……大さじ1

赤みそ

豊富に含まれるメラノイジンが、血糖値の著しい上昇を防ぐ

白みそ

自律神経を乱す原因であるストレスを軽減するGABAがたっぷり

玉ねぎ

血管年齢を若返らせるケルセチンが豊富。老化予防に

りんご酢

強力な抗酸化力を持つ、リンゴポリフェノールを大量に含む

明日の夜から、夕食時に取り入れてほしいものが「小林式腸活みそ汁」です。その作り方はとても簡単！まず、赤みそ80g、白みそ80g、すりおろした玉ねぎ150g、りんご酢大さじ1を混ぜ合わせて製氷器など（※）に入れ、凍らせます。そのみそ玉にお湯を注げば、善玉菌を多く含み、自律神経のバランスも整う腸活みそ汁の完成！

FROM Dr.KOBAYASHI

みそ汁は日本人にとってのスーパーフード。食べるだけで腸内環境を整え、血液サラサラ、疲労回復、老化予防などの効果も期待できます！

※たて35mm×横40mm×深さ35mm、10個分の製氷器を使用すると、1個あたり約30gになり、みそ汁1杯分です。製氷器がない場合は冷凍用保存袋に入れ、分量を計量して使いましょう。

step.2

今日からランチはいつもの7割に！「軽め」を意識して。

TODAY'S POINT
1

食べすぎが集中力の低下に ランチは腹7分目で

人間の体は、食事を摂ると、その消化作業に集中するようにできています。昼食後、集中力が低下してしまうのは、そのせい。それを知らずに、「集中できない……」とイライラしてしまっては、自律神経のバランスも乱れる一方。そこで今日から、ランチを軽くしてみましょう。私自身、ランチはいつも蕎麦などの軽いもので済ませています。ちなみに、たとえ軽くしても、多少の集中力の低下は免れません。思い切って、昼食後の２時間は捨ててしまい、メールチェックなどのルーティンワークにあてるのもひとつの手。大切なのは、集中力の低下によるストレスを防ぐことです。

FROM Dr.KOBAYASHI

集中力が低下する昼食後は、人と会うのも一案です。会話をするだけで交感神経が高まり、体に活動のスイッチが入ります

step.1

今日の腸活みそ汁レシピ❶
たっぷりきのこのみそ汁

check it!

いつものチェック

□体重測定
□コップ１杯の水
□キウイヨーグルト
□アマニ油
□腸活みそ汁

kg

今日のお通じ

○ △ ×

用意するもの（1人分）

きのこ類（しめじ、しいたけ、えのきだけなど）
……合わせて100g／みそ玉……1個

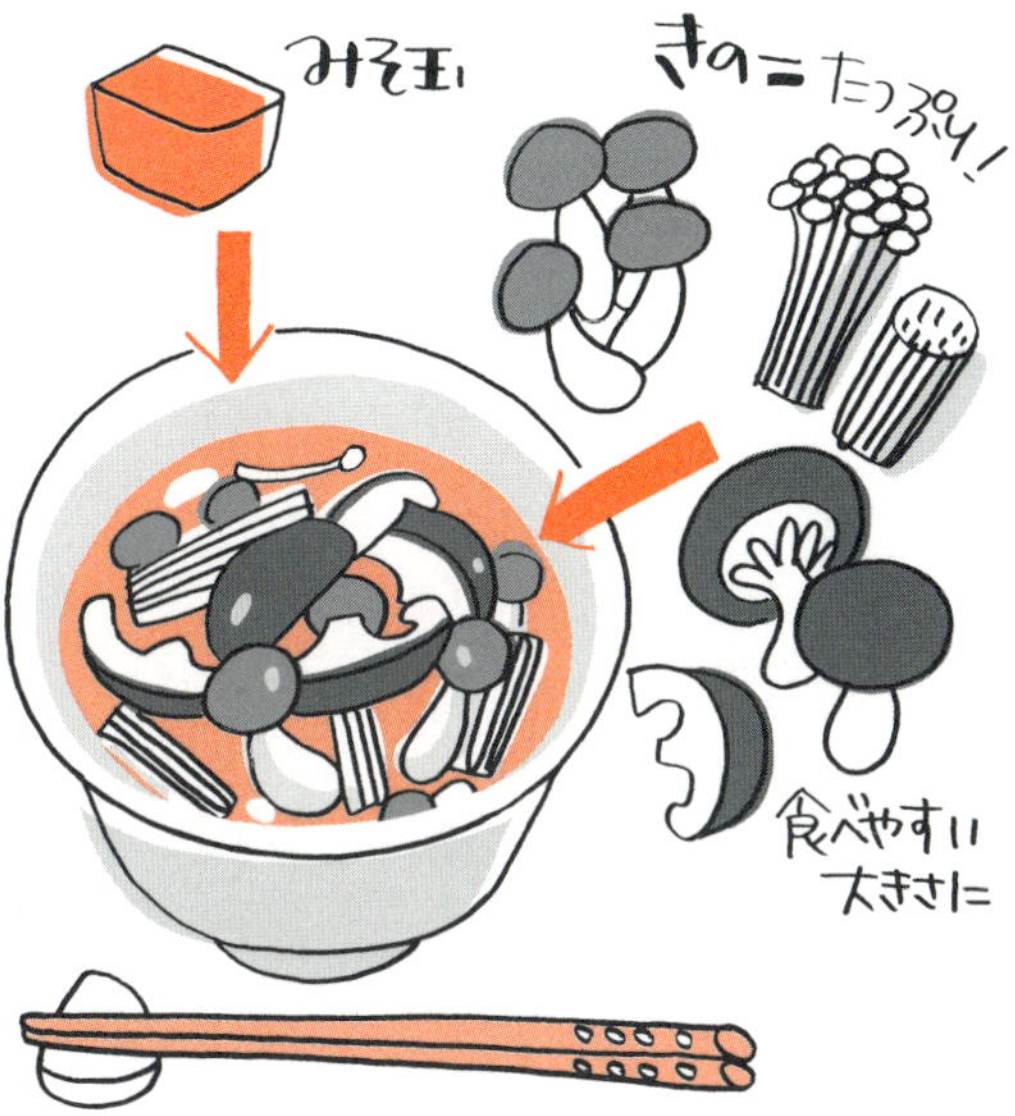

低カロリーで腹持ちバツグン

きのこは低カロリーで、ダイエットの味方。腹持ちも良く、
食物繊維が含まれているため腸内を整えてくれます。

recipe

①石づきを取り除いたきのこを食べやすい大きさに切る
②鍋にきのこと水150ml（分量外）を注ぎ、ひと煮立ちさせる
③火を止め、みそ玉1個を溶かす。しょうがの千切りを添えてもOK

FROM Dr.KOBAYASHI

お好みでしょうがを加えれば、食欲も倍増。きのこは何でもOKなので、定番のみそ汁として飽きることなく食べ続けられるでしょう

step.2

今日は、いつもより
ゆっくり話すことを
意識してみましょう。

TODAY'S POINT

1

ゆっくりした口調が自律神経を整えてくれる

大抵の人は、自律神経が乱れてくると、すべての行動が早く、雑になってしまうものです。それがミスを誘発し、さらに慌ててしまうことにもつながりかねません。覚えておいていただきたいのは、イライラして作業を急いだり、雑にやったりすると、ますます自律神経が乱れ、コンディションが悪化していくということ。だからこそ、何事もゆっくり、丁寧に行うのが大切なのです。忙しいときこそ、慌てず冷静に。まずは今日から、少しゆっくり話すことを心がけてみましょう。意識的に体を落ち着かせることで副交感神経にアプローチでき、自然とリラックスできるはずですよ。

FROM Dr.KOBAYASHI

ゆっくり話すことで呼吸が深くなり、自律神経のバランスが自然と整います。忙しいときも、一歩立ち止まって、ゆっくり行動しましょう

今日の腸活みそ汁レシピ②

長芋とねぎの梅みそ汁

check it!

いつものチェック

- □体重測定
- □コップ１杯の水
- □キウイヨーグルト
- □アマニ油
- □腸活みそ汁

kg

今日のお通じ

○　△　×

用意するもの（1人分）

長いも……75g／梅干し……1/2個／青ねぎ……適量
／みそ玉……1個（30g）

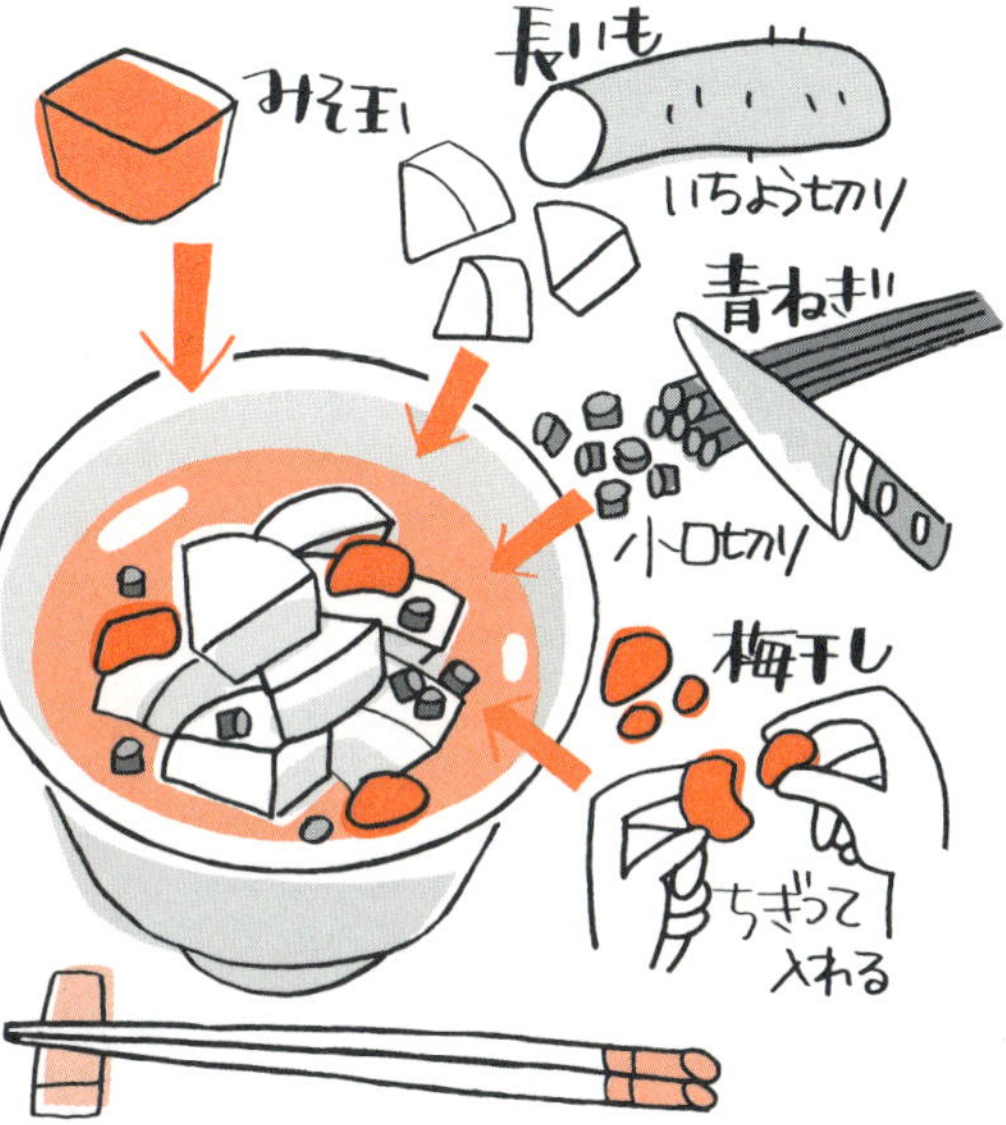

胃の粘膜を守り、疲労も回復してくれる

長いもの粘り成分は、胃の粘膜を守る働きを持っています。
梅干しの酸味をプラスすれば、食欲増進効果のある１杯に。

recipe

①皮をむいた長いもを、7mmの厚さのいちょう切りに
②鍋に①と150ml（分量外）の水を加え、火が通るまで煮込む
③火を止め、みそ玉を溶かす。ちぎった梅干し、
小口切りにした青ねぎも加えて完成

FROM Dr.KOBAYASHI

梅干しに含まれるクエン酸は、疲労回復効果も持っています。疲れているのに食欲がない、なんて夜にはぴったりなお味噌汁です

step.2

今夜は入浴後に脱スマホ＆パソコン＆ＴＶと決めてみてください。

TODAY'S POINT
1

就寝3時間前には スマホの電源をOFF

自律神経のバランスが乱れていると、うまく眠れないことがあります。質の良い睡眠を摂るために重要なのが、寝ている間に副交感神経がしっかり働くこと。また、睡眠時に交感神経と副交感神経の働きがスムーズに入れ替わることも大切。そのリズムが崩れてしまうと、寝ても疲れが取れなくなってしまうのです。それを防ぐために、就寝3時間前には、スマホやパソコンをOFFにすることを心がけましょう。これらの機器が発するブルーライトは、睡眠ホルモンであるメラトニンを減少させ、自律神経を乱す原因に。気分を害する可能性のあるメールチェックもご法度！

FROM Dr.KOBAYASHI

なかなか寝付けないときは、スマホに手を伸ばすのではなく、ベッドのなかで深呼吸を。副交感神経に働きかけ、入眠を促しましょう

step.1

今日の腸活みそ汁レシピ3

納豆めかぶ入りみそ汁

check it!

いつものチェック

- □体重測定
- □コップ１杯の水
- □キウイヨーグルト
- □アマニ油
- □腸活みそ汁

kg

今日のお通じ

○ △ ×

用意するもの（1人分）

納豆……1/2パック／めかぶ……1パック（35g）／
青ねぎ……適量／みそ玉……1個（30g）

腸内環境を整える救世主が大集結

たんぱく質やビタミン、ミネラルなどを含む納豆。そこに水溶性食物繊維を含むめかぶを合わせれば、腸内が活性化！

recipe

①青ねぎは小口切りにする
②鍋に水150ml（分量外）を入れ、納豆、青ねぎ、めかぶを入れてひと煮立ちさせる
③火を止め、みそ玉を溶かす

FROM Dr.KOBAYASHI

納豆に含まれるナットウキナーゼは熱に弱いため、あまり火を通しすぎないように注意。口当たりがよく食欲がない日にも良い１杯です

step.2

今晩から７日間、日記を書きましょう。書くことはたった３つ！

TODAY'S POINT
1

日記で1日を振り返り 自律神経を安定させます

① その日の失敗

まずは心がまっさらな状態で、一日を振り返ります。その日を省み、失敗してしまったことについて書き出しましょう

② その日の感動

失敗に目を向けるだけでは、気持ちが暗くなります。明日からのモチベーションを維持するために、感動したことも書いておきます

③ あしたの目標

①と②を踏まえ、明日の目標を立てておきます。やるべきことを明確にすることで、漠然とした不安も消え、心が穏やかになるはずです

自分を省《かえり》み、目標をクリアにできる日記は、心を安定させるために大いに役立ちます。早速、今晩からつけてみましょう。ただし、長々と書く必要はありません。たった3つの要素を書くだけなので、気楽に続けられるでしょう。

FROM Dr.KOBAYASHI

人生に不安や心配はつきもの。けれど、日記でそれらを俯瞰して客観的に眺めることができ、自律神経のバランスの安定につながるのです

step.1

今日の腸活
みそ汁レシピ4

豆腐の酒粕汁

check it!

いつものチェック

- □体重測定
- □コップ1杯の水
- □キウイヨーグルト
- □アマニ油
- □腸活みそ汁
- □日記

kg

今日のお通じ

○△×

用意するもの（1人分）

木綿豆腐……50g／にんじん……1/6本／しいたけ……1枚／
酒粕……20g／みそ玉……1個（30g）

酒粕の「発酵パワー」を存分に味わえる

酒粕は食物繊維と、善玉菌のエサとなるオリゴ糖を含むため、
便秘解消にうってつけ。まさに美腸に導く１杯です。

recipe

①木綿豆腐は一口大に、にんじんは5mmの輪切り、
しいたけは薄切りにする
②鍋に水150ml（分量外）を入れ、①を加え煮立たせる。
酒粕も加えてよく溶かす
③火を止め、みそ玉を溶かす

FROM Dr.KOBAYASHI

発酵食品の酒粕は、たんぱく質やビタミン、ミネラル、アミノ酸が豊富。麹菌は熱に弱いので、溶かした後に煮立たせないよう注意しましょう

step.2

5の付く日はご褒美の日。今日の美腸デザートはナッツ&ドライフルーツたっぷりアイスケーキ♪

用意するもの（作りやすい分量）

プレーンヨーグルト……200g／ドライフルーツ（プルーンやいちじくなどお好みで）……20g／素焼きミックスナッツ（アーモンドやくるみなどお好みで）……10g／砂糖……大さじ2+1/2／レモン汁……小さじ1

いつものヨーグルトが特別に！

ナッツもドライフルーツも、食物繊維豊富で栄養素もたっぷりな腸活にぴったりの食材。噛み応えもあって満足感も◎

recipe

①ヨーグルトはあらかじめ、ザルに入れて3〜5時間水切りしておく
②ドライフルーツとミックスナッツを細かく刻む
③①と砂糖をよく混ぜる。レモン汁と②を加えて混ぜ合わせ、バットに平らに流し入れて冷凍庫で冷やし固める
④固まったら大きめのスプーンで器に盛りつける

FROM Dr.KOBAYASHI

ヨーグルトの水切りで出たホエーはたんぱく質、カルシウム、ビタミン等が豊富。捨てずに、はちみつを入れたり、ジュースで割ってどうぞ

step.1

今日の腸活みそ汁レシピ 5

豆乳みそのかぼちゃスープ

check it!

いつものチェック

- □体重測定
- □コップ１杯の水
- □キウイヨーグルト
- □アマニ油
- □腸活みそ汁
- □日記

kg

今日のお通じ

○ △ ×

用意するもの（1人分）

調整豆乳……50ml／豚ひき肉……20g／かぼちゃ（種とワタを取り除いたもの）……50g／しょうが……1かけ／みそ玉……1個

免疫力アップ、美容効果も期待できる

かぼちゃに含まれるビタミンは、美肌、アンチエイジング、シミ予防と、女性に嬉しい美容効果を持っています。

recipe

①かぼちゃは1cm幅に切り、しょうがはすりおろす
②鍋にひき肉、しょうがを入れて、弱火で炒める。そこに水100ml（分量外）とかぼちゃ、豆乳を加え煮込む
③火を止め、みそ玉を溶かす。お好みでこしょうを振る

FROM Dr.KOBAYASHI

豆乳は味噌と同様に栄養豊富。豚ひき肉のたんぱく質と合わせて、ダイエットに必要な筋肉を作るためにも積極的に摂りましょう

step.2

今日はお風呂から上がる前に「温冷浴」で自律神経トレーニング！

TODAY'S POINT

1

「温冷浴」で自律神経を整えます

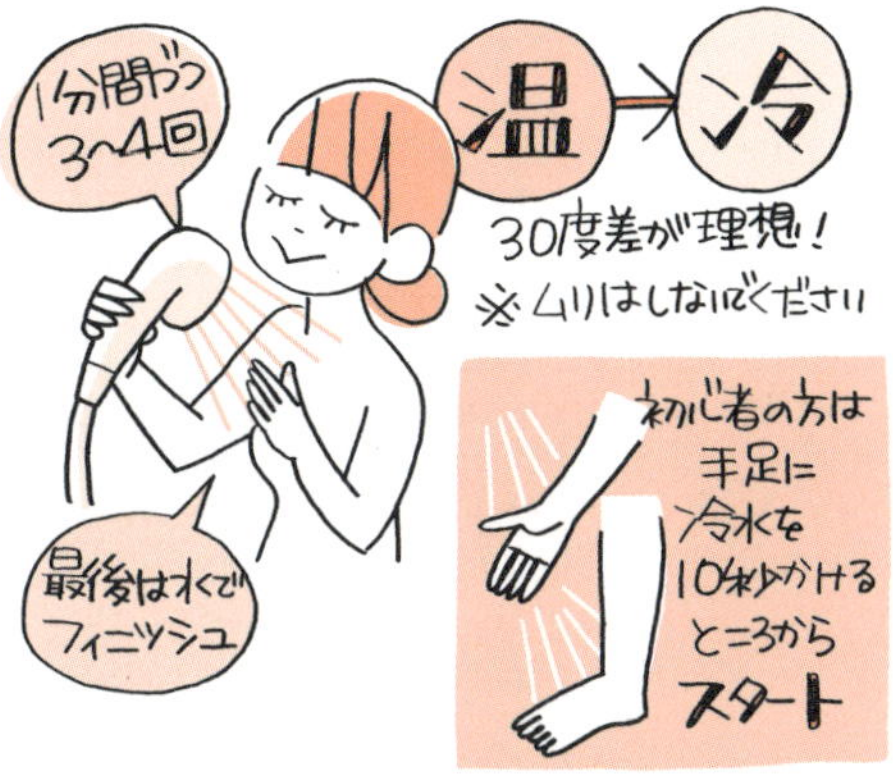

8日目に紹介した「正しい入浴法」は続けていますか？今日からはそれに加えて、「温冷浴」も取り入れてみましょう。やり方はシンプル。お風呂から上がる前に、温水と冷水のシャワーを１分間ずつ、３〜４回浴びるだけです。最後は冷水で締めるのがポイント。お湯と冷水の温度差が30度ほどあるのが理想的ですが、あまり無理はせずに。冷水を浴びることに抵抗がある人は、手足に10秒ほどかけるだけでもOK。これだけで全身の血行が良くなり、交感神経と副交感神経が高まりシャキッと元気に。自律神経のバランスを整えるトレーニングとして実践してみてください。

FROM Dr.KOBAYASHI

入浴後に自律神経をシャキッと整えることで、寝付きが良くなります。体の疲れも取れ、翌朝の目覚めが格段に良くなるはずですよ

step.1

今日の腸活みそ汁レシピ 6

さば缶の大根みそ汁

check it!

いつものチェック

- □体重測定
- □コップ１杯の水
- □キウイヨーグルト
- □アマニ油
- □腸活みそ汁
- □日記

kg

今日のお通じ

○ △ ×

用意するもの（1人分）

さばの水煮缶……1/4缶（50g）／大根……40g／
酒……大さじ1/2／みそ玉……1個

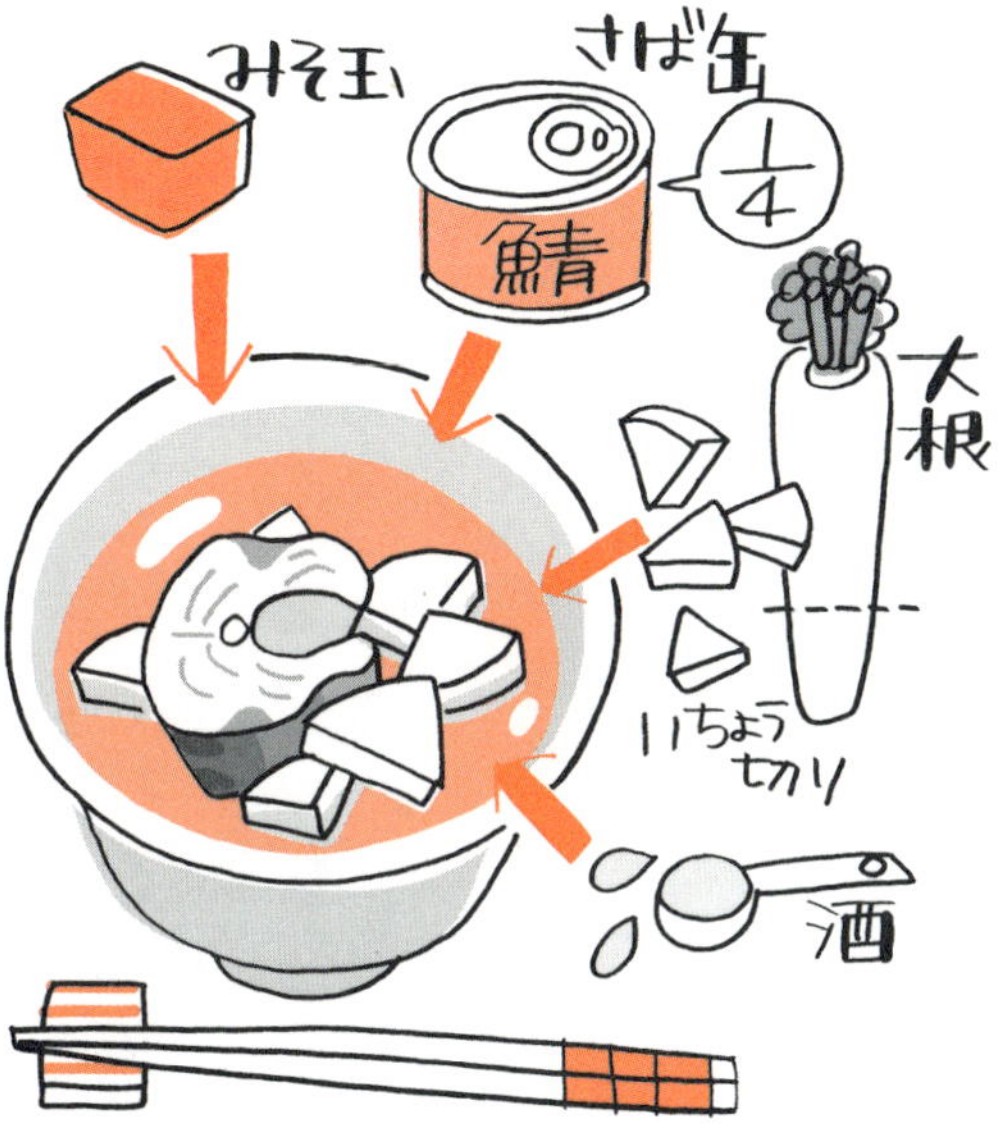

さば缶でDHAとEPAをたっぷり補給

脳の機能を高めるDHA、血液をサラサラにするEPA。
さば缶にはこれらの必須脂肪酸が豊富に含まれています。

recipe

①大根は皮をむき3mmの厚さのいちょう切りに
②鍋に酒、水150ml（分量外）と大根を入れ、ひと煮立ち。
火を止めたらみそ玉を溶かす
③器にさばを入れ、②を注ぎ入れる

FROM Dr.KOBAYASHI

DHAやEPAは、人の体内でほとんど生成されないため、食物から摂る以外にありません。これらを効率的に摂取できるのが、さば缶です

step.2

今日の帰り道、お気に入りのハーブティーをひとつ買って帰ってください。

TODAY'S POINT
1

ハーブティーで心身のバランスを保ちます

カモミール

カモミールにはPMS（月経前症候群）を和らげる効果があります。消化機能に作用する成分も含まれており、腸内環境改善にも。さらに、リラックス効果があるので、寝付きが良くなるでしょう

ジャスミン

ビタミンCやビタミンEを含むため、非常に高い美肌効果が期待できます。また、ホルモンバランスも整えてくれるので、PMSや更年期障害の改善にも役立ちます

ミント

ポリフェノールの一種であるフラボノイドが含まれており、強い抗酸化作用を持ちます。ガン予防や細胞の老化を防いでくれる他、アレルギー症状の緩和にも

ルイボス

スーパーオキシドディスムターゼという抗酸化成分を含み、美肌に導いてくれます。免疫力を高め、肌の新陳代謝を促すので、肌トラブルにお悩みの方にはぴったりです

FROM Dr.KOBAYASHI

ハーブティーにはさまざまな効果があります。現在の悩みと照らし合わせて、お気に入りのものを見つけてみてくださいね

step.1

今日の腸活みそ汁レシピ 7

春雨と小松菜のみそ汁

check it!

いつものチェック

- □体重測定
- □コップ1杯の水
- □キウイヨーグルト
- □アマニ油
- □腸活みそ汁
- □日記

kg

今日のお通じ

○ △ ×

用意するもの（1人分）

小松菜……1/4束（50g）／春雨……10g／みそ玉……1個（30g）

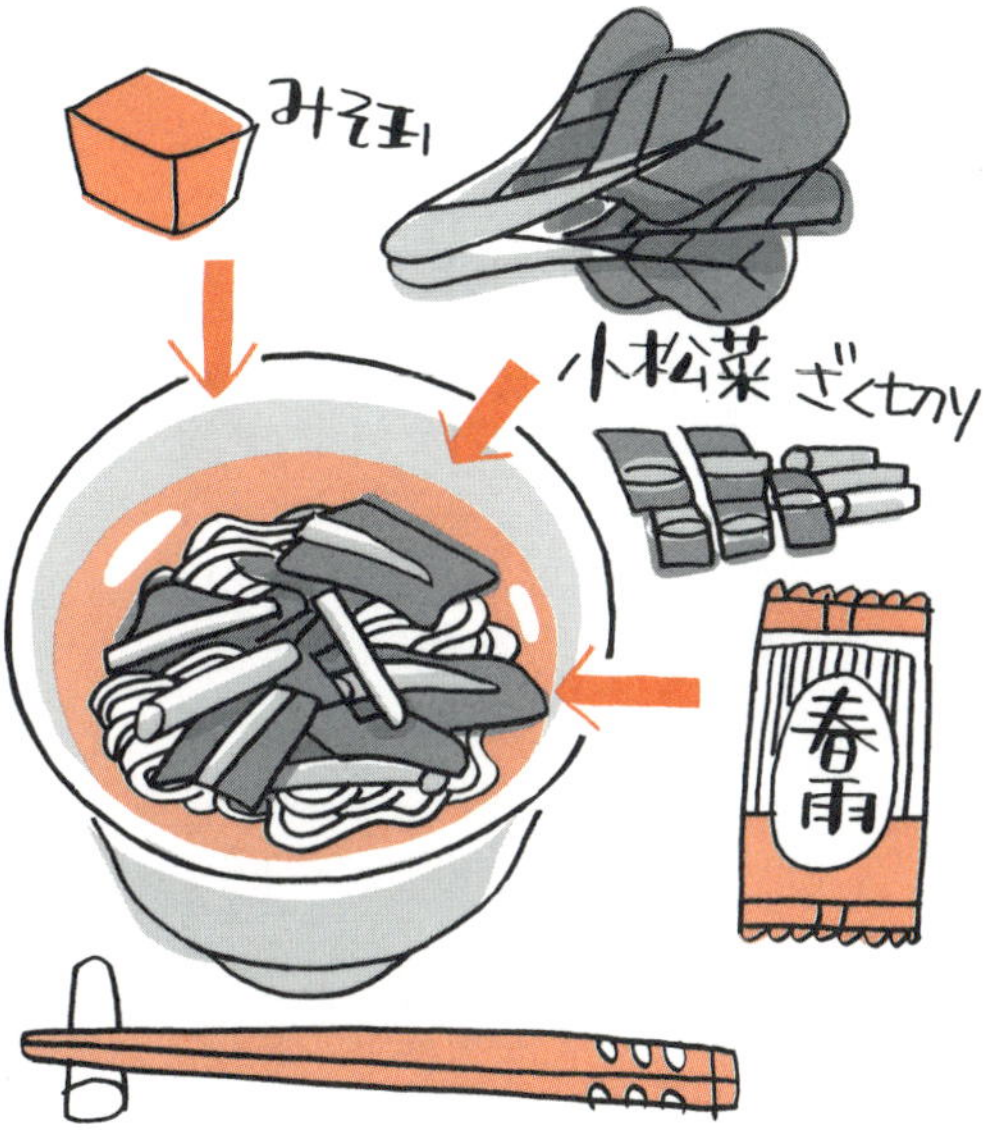

春雨と小松菜の組み合わせで疲労回復

春雨に含まれる炭水化物は疲労回復の源。小松菜の食物繊維とかけ算することで、より効率的に摂取できます。

recipe

①小松菜は3～4cmのざく切りにする
②鍋に春雨、水200ml（分量外）を入れひと煮立ちしたら、①を加えてしんなりするまで煮込む
③火を止め、みそ玉を溶かす。お好みでかつお節を添えても

FROM Dr.KOBAYASHI

小松菜はβ-カロテンを多く含むため、ガン予防や免疫力アップ、美肌効果も期待できる食材。カルシウムや鉄分も豊富です

step.2

ラスト3日間は徹底的に食事時間を規則正しく！

TODAY'S POINT
1

夕食後の3時間は 腸のゴールデンタイム

自律神経のバランスを正常に保つためには、食事時間を規則正しく守ることも重要です。食物は約6時間で小腸の末端に達するので、昼食が12時なら、朝食は6時、夕食は18時に食べるのが理想的。とはいえ、勤務時間との兼ね合いもあるので、可能な範囲で。ただし胃腸に負担がかからないよう、夕食は20時までに終えてください。夕食後の3時間は「腸のゴールデンタイム」と呼ばれ、副交感神経が優位になり、体がオンからオフへ切り替わり、睡眠の準備が整っていきます。このリズムが崩れると、眠りが浅くなり、栄養が脂肪として蓄積されやすくなるので要注意。

FROM Dr.KOBAYASHI

食後にすぐ寝ると、翌朝、胃が重い状態で1日を始めることに。自律神経も乱れるので、夕食後は少なくとも3時間は、しっかりと休憩を

今日の腸活みそ汁レシピ8

にら玉みそ汁

check it!

いつものチェック

- □体重測定
- □コップ1杯の水
- □キウイヨーグルト
- □アマニ油
- □腸活みそ汁
- □日記

kg

今日のお通じ

○ △ ×

用意するもの（1人分）

にら……40g／溶き卵……1個分／スライスベーコン……1/2枚／
しょうが……1かけ／みそ玉…1個（30g）

にらのアリシンで食欲増進＆疲労回復

にらに含まれるアリシンは、食欲をアップさせる上に、
抗菌・殺菌作用や血行促進、疲労回復効果も期待できます。

recipe

①にらは4cm幅に、スライスベーコンはみじん切り、
しょうがは千切りにしておく
②鍋に水150ml（分量外）を入れ、ベーコンを入れて2〜3分加熱し、
さらに、にらを入れてひと煮立ちさせて1分加熱する
③溶き卵を流し入れ、30秒ほど加熱し、火を止めたらみそ玉を溶かし、
しょうがを添える

FROM Dr.KOBAYASHI

アリシンは熱に弱いビタミンB1を守る効果も
持っているので、それを含む豚肉などを加えて
アレンジするのもおすすめです

step.2

睡眠も規則正しく！
今夜は12時前に
布団に入ることが
目標です。

日中にしっかり体を動かす

駅まで早足で歩く、階段を使うなど、日中にしっかり体を動かすことで、寝付きが良くなります。ただし、体が興奮状態になるので、夜間の運動は避けて

就寝前のお風呂で「1:2呼吸」

バスタイムでは、4秒吸って8秒吐く「1：2呼吸」を取り入れて。副交感神経が優位になり、体が入眠しやすい「おやすみモード」へと導かれます

寝室に余計なものを置かない

寝室に余計なものがあると、集中力が削がれてしまい、寝付きにくくなってしまいます。心穏やかに入眠するためには、余計なものをなるべく置かないことが大切です

寝る30分前は白熱灯にする

蛍光灯の光は、睡眠ホルモンであるメラトニンの分泌を抑制してしまいます。スムーズに入眠するためにも、寝る30分前は柔らかい光の白熱灯に切り替えましょう

FROM Dr.KOBAYASHI

体内時計のリズムが崩れてしまうと、自律神経の乱れにつながります。そのためにも、今夜からは12時前に布団に入ることを目標に

step.1

今日の腸活
みそ汁レシピ 9

かぶとウインナーの
みそ汁

check it!

いつものチェック

- □体重測定
- □コップ１杯の水
- □キウイヨーグルト
- □アマニ油
- □腸活みそ汁
- □日記

kg

今日のお通じ

○ △ ×

用意するもの（1人分）

ウインナー……1本／かぶ（葉つき）……1個／みそ玉……1個（30g）

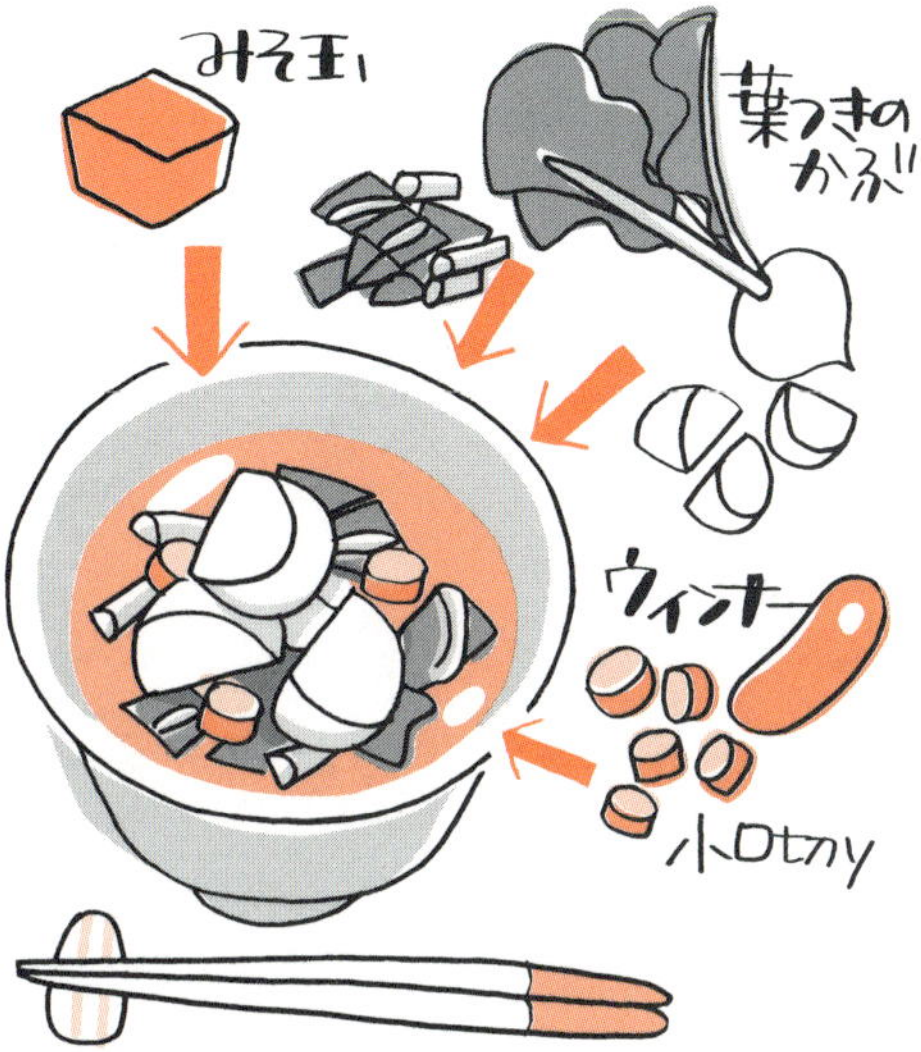

栄養豊富なかぶの葉もしっかり使って！

かぶの葉はβ-カロテンやビタミンB、Cを含有。体の機能の維持に欠かせないミネラルも多く、健康的なダイエットに不可欠！

recipe

①ウインナーは小口切りに、かぶは1cm幅のくし形切りに、葉は1cmの長さに切る
②鍋にかぶ、ウインナー、水150ml（分量外）を入れて、かぶに火が通るまで2～3分加熱する
③かぶの葉を加えて火を止め、みそ玉を溶かす。お好みでこしょうを振って

FROM Dr.KOBAYASHI

かぶにはカルシウムやマグネシウムも含まれているため、ストレス解消にも効果あり。自律神経を整える上で重要な食材です

step.2

やせた自分になって何をしたいですか？
ワクワク書き出してみましょう。

TODAY'S POINT
1

これまで遠慮していたことを明確に書き出します

ようやく最終日を迎えました！　さあ、まずは体重計に乗ってみましょう。−3kgは達成しましたか？　30日前と比べて、体が軽くなったことを実感している方も多いのでは？　でも、やせること自体がゴールではありません。自律神経が整い、腸内環境も改善され、スリムに生まれ変わった新しい自分でなにをしたいのか。太っているから……と諦めていた洋服を買ってみる、古い友人にやせた自分の姿を見せてみる、これまで遠慮していたことでも、まずはどんどん書いてみましょう。ワクワクするようなことを書き出すことで、人生がキラキラと輝き出すはずです！

FROM Dr.KOBAYASHI

ちょっとハードルが高いかも、と遠慮していたことも気兼ねなく書き出すこと。それが30日間がんばった自分へのご褒美です！

おわりに

まずは、30日間に及ぶダイエット、お疲れさまでした。1日に行うメソッドはとても簡単なものばかりだったと思いますが、ここまで続けてきたあなたなら、体が劇的に変化していることを実感しているはずです。良い習慣は、もうすでにあなたの味方。30日前とは違う風景が見えているのではないでしょうか。

かつての私は、最悪の腸内環境の持ち主でした。仕事中心で満足な睡眠も摂れず、慢性的な疲労感で心と体を崩しかけていました。そんな私を救ってくれたのが、「腸活」でした。コツコツと続けていくうちに、1か月後には体調も改善し、肌の調子も良くなりました。3か月後には空が青く見える、風の香りを感じられるなど、〝心の余裕〟も生まれるように……腸の研究者でありながら、腸が持つパワーにただただ感嘆したのです。

Finish!

本書には、そんな私自身の実体験に基づくメソッドを詰め込みました。忙しい現代人のライフスタイルに合わせ、誰もが気軽に取り入れられるものばかりを厳選したつもりです。このページを読んでくださっている人ならば、きっとその意味が理解できているはずです。

自律神経を整え、腸内環境を改善すれば、代謝も上がり自然と体重は落ちていきます。そして、全身がすっきりと引き締まっていくでしょう。「もっとやせたい！」という方は、この先、3か月、半年と継続していけば、その効果はさらに広がるはず。ダイエットのみならず、肌荒れ、冷え性、生理痛、不眠、頭痛、アレルギーなど、〝プチ不調〟も改善され、健康的な体が手に入れられます。

この30日間は、まだスタートラインです。ここから先、自律神経や腸内環境を意識した生活を続けていけば、あなたの人生はもっとキラキラしたものになるでしょう。

本書で紹介したメソッドを実践した方が、健やかで豊かな人生を歩んでいく。私にとって、これ以上の喜びはありません。

30年間 体重が変わらない
医師が本気で考えた

1日4ページだけ 30日間ダイエット

著者　小林弘幸（こばやし ひろゆき）

2018年12月25日　初版発行

装丁　森田直／積田野麦（FROG KING STUDIO）
イラスト　福田玲子
校正　玄冬書林
編集協力　高木沙織、五十嵐 大
編集　岩尾雅彦（ワニブックス）

発行者　横内正昭
編集人　青柳有紀
発行所　株式会社ワニブックス
〒150-8482
東京都渋谷区恵比寿4-4-9えびす大黒ビル
電話　03-5449-2711（代表）
03-5449-2716（編集部）
ワニブックスHP　http://www.wani.co.jp/
WANI BOOKOUT　http://www.wanibookout.com/

印刷所　株式会社 光邦
DTP　株式会社 三協美術
製本所　ナショナル製本

ISBN 978-4-8470-9746-1